Carl Grosse

Vermischte Blätter

Carl Grosse

Vermischte Blätter

ISBN/EAN: 9783743696686

Hergestellt in Europa, USA, Kanada, Australien, Japan

Cover: Foto ©ninafisch / pixelio.de

Weitere Bücher finden Sie auf **www.hansebooks.com**

E. R. Grafen von Vargas

Vermischte Blätter

———

Erster Theil.

———

Erzählungen.

———

Mit dem Portrait des Verfassers.

———

Berlin, 1793.

bei Friedrich Vieweg dem ältern.

oogle

An meine Schwester

Chariklea Rosalia

Gräfin Spretti.

Es hiefse mir selbst widersprechen, wenn ich dieser kleinen Sammlung nicht einigen Werth beylegte, da ich sie Dir doch zueigne. Immer werde ich mit tiefer Rührung mich des Tages erinnern, als Du einen Veilchenstraufs mit mir theiltest, den

A

Du für Dein Liebstes auf Erden ge-
pflückt zu haben versichertest. Nimm
dann diesen bescheidnen Kranz. Er
ist für Dich gebunden.

Wahrheit mit Blumen zu be-
decken, die man unter ihnen und
nach ihrem Genuſse antrifft, macht
die Glückseeligkeit einer gewissen
Stimmung aus, welche den Menschen weit sanfter liebt und an sich
zieht, als der kalte Heldenmuth des
Eifers. Aber gerade wenn die Seele
in einer gewissen Spannung und
Aufmerksamkeit auf sich selbst
nachläſst, um der Bewegung eines
leisen Erguſses sich ganz hinzuge-
ben, so entblöſsen sich alle ihre
Schwächen; sie rafft zusammen was
sie neben sich findet, und unter ihre

Schöpfungen stiehlt sich leicht eine übersehene Schlange mit ein.

Ueberdem giebt es keine Moralität, die so rein wäre, nicht für jemanden in irgend einem kleinen Zuge etwas anstöfsiges zu haben. Wofür der Franzose anbetend niederfällt, das drückt der Britte unwillig zu Boden. Gebräuche und Karaktere sind der Erde, wie die Pflanzen einheimisch, und, Rosalie, Dich haben es mit mir so viele Himmelsstriche gelehrt: Glückseeligkeit, Moralität und Religion sind ebenfalls nur Pflanzen.

Alle unsere Vorstellungen von Schönheit und Werth sind daher nichts als Vorurtheile. Obgleich von halb Europa bewundert und angebetet, würdest Du doch vergebens in Afrika Liebhaber suchen. Aber hätte auch diese Sammlung allen Deinen Reiz und Geist, so möchte ich doch niemals auf die Hälfte des Beyfalles, den man Dir opferte, hoffen dürfen.

Glaube darum nicht, dafs ich die Theilnahme der Welt verschmähe. Ein verdienter Ruhm ist seiner Arbeit werth. Es wäre nur das erste Mahl meines Lebens, wenn ich ihn Deinem Vergnügen vorzöge, das so lange Zeit den einzigen Beweggrund aller meiner Handlungen ausgemacht hat.

I.

Das Grabmahl.

––––––

Nach einer zwanzigjährigen Reise,
welche die wichtigsten Länder von vier
Welttheilen umfafste, kam endlich Lord
B...y in sein Vaterland zurück. Unru-
hig von Temperament, nach Licht und
Wissenschaft dürstend, hatte er den Er-
trag beträchtlicher Güter und die letzte
Hälfte seines Lebens dazu verwandt, die
Thorheiten der ersten desselben wieder
gut zu machen, ohne Rast zu arbeiten,
und einem betrogenen Herzen, getäufch-
ten Sinnen, und einem halbzerstörten
Verstande eben durch Beschäftigung Ruhe

und Gleichgewicht wieder zu schaffen. Izt, im fünf und vierzigsten Jahre kehrte er heim, wie neugebohren, fast ohne Vorurtheil mehr, vielleicht der hellste Kopf Britanniens. Allenthalben hatte seine Seele die schönsten Blumen gesammelt und in sich selbst verpflanzt; dem Eignen und Auszeichnenden seiner Geburt und seines Geburtslandes völlig entfremdet, war er das Eigenthum, der Freund, der Bürger aller Nationen geworden, und jede hatte dankbar zu einem Schatze von Kenntniß und Weltweisheit beygetragen, mit dem er nun den Rest seiner Jahre hindurch im stillen Behagen haushalten wollte. Ein großer Anhänger des weisen Grundsatzes: „Bringe das erste Drittel deines Lebens in der Vorwelt und unter den Todten zu, beschäftige dich im zweiten mit den Lebendigen, und ziehe dich im dritten in dich selbst zurück,“ — hatte er die ersten

Theile desselben so gut er konnte auszu-
üben versucht, und machte nun Anstalten, den letzten im vollsten Umfange
zu befolgen.

Die Umstände waren vielleicht seinen
Vorsätzen niemals so günstig als izt gewesen. Die lange Entfernung hatte den
Kreis seiner Bekanntschaften gänzlich
verändert, er trat wie in eine neue
Welt; kaum kannte er einen Freund wieder, die Sitten hatten sich umgeschmolzen, und indem er die besten, so wie
etwas von dem Karakter aller Länder an-
genommen hatte, fühlte er sich den alten gleich den neuen entartet, sein geläuterter Geist stimmte zu keiner Denkart
mehr, und das Nationale, das die Ver-
schiedenheit der Vorstellungen immer
an irgend einer Seite abschleift und ver-
bindet, hatte auf ihn seinen Einfluß
gänzlich verlohren. So gütig und wahrhaft menschlich er auch war, so fand

man ihn doch um nichts weniger sonderbar, als er die Welt um sich her; und er begriff, nunmehr sey der Zeitpunkt gekommen, ernstlich von ihr Abschied zu nehmen.

Er fand dazu in seinem Familiengute einen reizenden Zufluchtsort. Niemals hat die Natur einen andern zum Sitze der Musen und des stillen Glückes so deutlich ausgezeichnet. Nicht weit genug von den Hauptstädten entfernt, um allen Menschenumgang von sich abzuweisen, verbarg er sich doch in einem Winkel der wallisischen Gebürge für den ersten neugierigen Andrang. Ein bequemes und beynahe zu prächtiges Schloß lag in der Mitte eines weitläuftigen Parkes, dessen gröſste Zierde eine treflich unterhaltene Holzung ausmachte. Dies war aber auch das einzige, was der Lord in einem guten Zuſtande antraf, und er sah mit dem Uebrigen eine Arbeit vor-

aus, die ihn seine ganze übrige Lebens-
zeit vollkommen beschäftigen zu können
nen schien.

Man kann es begreifen, welche Schöpfung in einem solchen Kopfe die schönen Künste hervorbringen mußten, und
es lag in seiner Stimmung, daß er für
sich allein mit eben so vieler Sorgfalt
und Wollust arbeitete, als hätten tau-
sende das Werk seiner Hände gesehen.
Seine Zimmer vereinigten mit der künst-
lichsten Einfalt die gesuchteste Schwel-
gerey aller Himmelsstriche, es war ein
schlaues Gemisch des Geschmacks und
des Reichthumes, es war eine liebliche
Zauberey aller Freuden, und die gebil-
deste Seele hatte gleichsam ihre Ideen
zu sinnlichen Genüssen verkörpert. Sein
Garten versteckte und erhob malerische,
romanhafte, lächelnde, ernste und traurige Bilder gemischt, oder verbunden
oder abstechend; alle Leidenschaften

zeigten sich hier in ihren Symbolen an-
schaulich und fafslich zusammengewebt,
und ohne Zwang lagen die Theile, die
nur für einander geschaffen schienen,
wie vom Ohngefähr neben einander hin-
geworfen. Alle seine Bediente und Haus-
genossen waren musikalisch, er selbst
spielte mehrere Instrumente meisterhaft
und kannte die übrigen vollkommen,
sein geübter Sinn verstand das Schönste
und Gröfste aller Gegenstände — seine
Bibliothek und das Kabinet endlich näherten die Geheimnisse der Philosophie,
Naturkunde, und Geschichte aller Völker und Zeiten einander zu einem einzigen geläuterten Schatze aller menschlichen Weisheit. Man hätte sich einbilden können, hier müsse selbst ein Gott
seinen Himmel vergessen.

Und doch war der Lord nicht glücklich. Er hatte seine erschlaffte Seele
zwar wieder mit Arbeit und Kenntnifs

gestärkt, aber beyde hatten einen geheimen Kummer nicht übertäuben können,
der den schönsten menschlichen Geist
sich selbst in seinem Innern aufzehren
machte. Nach wenig Jahren verlöschte
er langsam, allen seinen Freunden ein
Räthsel; und es bleibt der Zeit und dem
Ohngefähr überlassen, sie über eine
Erscheinung zu belehren, welche die
Menschheit so traurig verkleinert.

Er hinterließ einen einzigen Sohn,
auf den er seine Güter und Titel vererbte,
einen jungen Wüstling von dem außer-
ordentlichsten Verstande, einem unbe-
greiflichen Talente für die Kunst und das
Schöne, aber eben von den Gaben seiner
Seele zu allen verwilderten, ausschwei-
fenden Sitten seines Zeitalters verführt.
Hieran mochte die lange Abwesenheit
seines Vaters zum Theil etwas Schuld
seyn; denn er war unterdessen in London erzogen und ohne Aufsicht nachher

in die grofse Welt geworfen, hatte er
sich zwar den geistreichsten aber auch
den liederlichsten Kreis von jungen Leu-
ten zu seinen gewöhnlichen Vergnügungen gewählt. Er schien sich, als sein
Vater zurückkam, etwas zu bessern, aber
kaum sah er sich im gänzlichen Besitze
seines Vermögens, als er auch seinen alten Neigungen und Gewohnheiten sich
wieder ohne Scheu überliefs.

Einer der schönsten, beseeltesten
Männer seines Zeitalters war er der
Liebling der Damen. Man gab ihm
Schuld, er sey kalt und wenig zuvor-
kommend; aber lag dies gleich zum
Theil mit in seinem Temperamente, so
war doch die Hauptursach davon, dafs
man ihm dazu niemals Zeit genug gelassen hatte. Ob ihm indefs gleich alles
entgegen kam, was auf Schönheit und
Welt die mindesten Ansprüche machte,
so genofs er doch der blühendsten Ge-

sundheit. Ich weifs es nicht, was es
war? Glück, Zufall oder Ueberlegung?
Alle seine Ausschweifungen waren mehr
Ausschweifungen des Geistes als des Kör-
pers; er liebte Tafel, Wein, Mädchen,
Tanz und Spiel, aber bey allen erhielt
er sich in einer Nüchternheit, welche
ihm vor jeder Art von Ueberladung be-
wahrte.

Die Modeschönheit von London war
damals Mifs Jenny L---e, ein an Seele
und Körper gleich holdes und anbetungs-
werthes Geschöpf, ein Liebling der Natur so wie des Glücks. Man kann denken, welchen Hof von Liebhabern sie
um sich sah. Aber sie war für die jungen Wüstlinge viel zu sehr Brittin, ihre
keusche Phantasie machte sie zu der Grille
geneigt, Hand und Herz sey nur zu verschenken, und sie gieng ohne Koketterie
und Affektation mit ihren Gunstbezeugungen so haushälterisch um, dafs kein

einziger sich einbilden konnte, er habe einen Nebenbuhler, der ihm gefährlicher als er sich selbst sey.

Indeſs war bey aller dieser anscheinenden Kälte doch Jenny von ihrem eigenen Herzen betrogen. Um alles in der Welt willen hätte sie es sich nicht gestehen mögen, daſs sie den jungen Lord B---y allen anderen ihrer Anbeter vorziehe, aber sie klagte sich oft selbst mit thränenden Augen seine Thorheiten und Ausschweifungen, von denen sie täglich neue Beyspiele erblickte. Seine Zerstreuung, seine unsinnige Verschwendung, seine Weiberliebe, sein vertrauter Umgang mit den liederlichsten beyder Geschlechts fielen ja jedem so klar in die Augen, und wenn sie über alle diese Betrachtungen in eine süſse Schwermuth verfiel, wenn sie sich mit Erröthen vorstellte, wie der schönste Körper das Opfer eines schönen Geistes werde; wenn sie mit geheimen Unwillen ihn von einem Mädchen zum andern flattern und alle durch ihn unglücklich sah, so sagte ihr das Herz, ihre Theilnahme sey nichts als die gemeinste Menschenliebe.

Jenny war eine reiche Erbin und aus einem der ersten Häuser des Reichs. Der Lord hätte völlig blind seyn müssen, um es gegen alle diese Vorzüge zu seyn. Niemand drängte sich daher so eifrig als er unter ihren Liebhabern hervor, niemand sprach zu ihr mit mehr Wärme, warb lebhafter um ihre Hand und um ihr Herz, und niemand bekam mit mehr Härte und Bitterkeit eine abschlägliche Antwort.

Für seine Liebe war dies nicht viel, aber für seine Eitelkeit war es etwas. Er schämte sich vor sich selbst, und weckte damit einen kleinen Trotz auf, der ihn sonst höchst selten verließ. „Eine

kleine Zerstreuung macht dies alles vergessen!" tröstete er sich. Es war gerade
Jagdzeit, es fiel ihm ein sich zur Ab-
wechselung einmal unter seine Bauern
zu mischen; um alles genossen zu haben,
wollte er auch die einfacheren Freuden
des Landlebens versuchen; — und ehe
man es sich daher versah, war der junge
Lord B---y aus dem Schauspiele, von
allen Bällen, aus dem vertrautesten
Kreise seines Umganges verschwunden.

Eine Woche vergieng und noch eine.
Es verstrich ein Monat nach dem anderen. Niemand hat den Lord gesehen.
Die ganze schöne Welt ist in Bestürzung,
alle Lustbarkeiten stocken oder haben
doch von ihrem Reize verlohren; die
Damen klagen über Langeweile und die
Herren über die Launen ihrer Damen.
Man frägt, man läuft, man schickt
herum; — niemand weiß wo der Lord
steckt. Jenny bildet sich ein, sie habe
ihm

ihm zuviel gethan, sie wiederhohlt sich
heimlich alle Sylben ihres Abschiedes,
und findet in der That, es sey etwas
darin das hart klinge; sie wird darüber
übellaunisch und schwermüthig, und
hat des Nachts schwere Träume. Endlich, und endlich eröfnet sich die Thüre
und Lord B - - - y tritt herein.

Aber welche unbegreifliche Veränderung! Dies ist unmöglich der ehemalige Lord B - - - y, jener liebenswürdige
Stutzer, der allbeneidete Liebling aller
Weiber, einzig an Geschmack und un-
nachahmlich in Pracht. Beym ersten
Anblick scheint er ein Quaker zu seyn.
Anstatt des hüpfenden Ganges, — welch
eine ernsthafte, majestätische Haltung;
anstatt der künstlichen Stickerey und
dem blendenden Aufwand im Anzuge, —
welche ungesuchte Simplizität; und anstatt jener nachlässigen, hinreifsenden
Munterkeit, — welche ernsthafte, ein-

B

fache Gebehrde! — „Irgend eine Bet-
„schwester muſs ihn bekehrt haben,"
zischelt sich die ganze Gesellschaft zu.

Er nimmt bescheiden einen Platz
zwischen den Damen. Itzt bemerkt
man nun, daſs er nichts an Munterkeit
und in der Unterhaltung verlohren hat;
er wählt seine Materien nur edler und
gründlicher; seine Manieren reiſsen nicht
mehr hin, aber sie rühren unwidersteh-
lich; eine bezaubernde Sanftheit drückt
sich in allen Bewegungen aus, alle seine
Empfindungen sind geläutert und gehen
ohne Geräusch von Herzen zu Herzen.
In einem Augenblicke ist der ganze Ton
der Gesellschaft wie umgeschmolzen,
die rauschende Freude macht der feinsten, liebenswürdigsten Munterkeit Platz,
man hängt an den Lippen des wieder-
gefundenen Lieblings ohne Bewuſstseyn,
erstaunt über ihn und erstaunt über sich
selbst. Jenny fühlt ihr Gesicht höher

glühen, ihr Herz stärker schlagen, und
als er Abschied nimmt und bescheiden
ihre Hand berührt, kann sie es sich
nicht verwehren, sie einige Augenblicke
lang in der seinigen zu lassen.

Natürlich zerbrach man sich den
Kopf über diese sonderbare Veränderung. Alle Tage ward sie mehr sichtbar. Der Kreis seiner Bekannten wird
enger und gewählter, seine Vergnügungen werden edler und natürlicher, seine
Verschwendung wird Freygebigkeit und
schlägt einen andern Weg ein, sein Inneres ist wahrhaft so umgeschmolzen
als es sein Aeufseres scheint.

Indefs bewirbt er sich wieder um
Jennys Herz und Hand. Er scheint die
abschlägliche Antwort vergessen zu haben, und sie hat sie wirklich vergessen. Kaum kann sie ihren Augen trauen,
aber er ist bey allen Prüfungen unabän-
derlich derselbe. Endlich kann sie den

sanften Regungen in ihrer Brust nicht
länger widerstehen, und — gewährt
ihm was er verlangt.

Diese Welt hat noch kein glückli-
cheres Paar gesehen. Jede wiederkeh-
rende Sonne bringt ihnen auch neue
Freuden mit. Die ersten Honigmonate
verrauschen und er ist noch immer Jennys Verlobter. „So sage mir dann,
„Eduard," ruft sie einmal aus, „wie
„bist du das alles geworden?" —

„Wie hätte ich ein Geheimniß für
„dich bestes Weib," antwortete er ihr
lächelnd; „höre denn und erstaune über
„meine Geschichte! denn niemals ist das
„Ohngefähr einen seltsameren Weg zu
„seinem Ziele gegangen."

„Du weißt, wie ich dich verließ,
„und daß ich mich von dir nur deinet-
„wegen entfernte. Wie hätte ich mich
„auch damals selbst ertragen! Der be-
eidete, der unwiderstehliche Besie-

„ger deines Geschlechts — und doch das
„Spiel deiner Laune. Ich mache dir
„kein Geheimnifs daraus; mein Herz
„war von Bitterkeit so voll, dafs mir
„die ganze menschliche Gesellschaft an-
„ekelte, ich mich aber unter allen am
„unerträglichsten fand."

„Meines Vaters Landgut schien mir
„unter diesen Umständen einen beque-
„men und sicheren Zufluchtsort gegen
„mich selbst anzubieten. Sich eine Zeit-
„lang in der Einsamkeit begraben, dacht
„ich, ist ein erprobtes Mittel gegen alle
„Arten von Wunden! Mische dich ein-
„mahl unter die Landleute, du kennst
„ihre Freuden noch nicht; höre auf
„Lord und Herr zu seyn, und werde,
„was sie sind. Diesem Vorsatz getreu
„zu bleiben, liefs ich daher alle meine
„Bekannten und Gesellschaften in Lon-
„don zurück, verschwand ihnen wie
„unter den Händen, und eilte mit einem

„zwar noch immer geprefsten, aber
„durch Hoffnung doch schon ruhiger
„gewordenen Herzen, meiner Provinz
„zu.“

„Schon unterwegens nahm ich wahr,
„dafs es leiser zu schlagen anfange. Mein
„biegsamer Geschmack machte es mit
„neuen Freuden bekannt, die mir, selbst
„ohne noch ihren inneren Werth ent-
„faltet zu haben, schon im ersten Au-
„genblicke theuer und schätzbar wur-
„den. Ich mischte mich unter alle
„Stände, ich suchte ihre Sprache zu
„lernen, und indem ich mich mit ih-
„ren Vorurtheilen vertrauter machte,
„verlohr ich selbst nach und nach von
„denen, welche die Hauptstadt in Rück-
„sicht der Allvortreflichkeit ihrer Freu-
„den einflöfst. Bald fand ich manche
„Kleidung bequemer als die unsrer Mode,
„bald manche frische Schönheit anzie-
„hender als alle unsere Opernreize,

„und es dauerte nicht lange, als ich
„eine junge Rose mit der nemlichen
„Andacht von der Gutmüthigkeit eines
„Bauermädchens empfing, als den schön-
„sten Blick und Fächerschlag unserer
„Damen."

„Du kannst es dir vorstellen, Jenny;
„so vorbereitet sah ich meines Vaters
„Anstalten mit ganz anderen Augen an.
„Es waren fünf Jahre vergangen, dafs
„ich nicht an diesem reizenden Ort ge-
„wesen war. Zwar hatte ich nach mei-
„nes Vaters Tode getreulich alle Jahre
„eine Summe zu seiner Erhaltung aus-
„gezahlt, meine persönliche Abwesen-
„heit aber hatte ihre angemefsne Ver-
„wendung gehindert. Itzt fand ich vom
„Roste der Zeit und der Vernachlässi-
„gung schon manches schöne Werk zer-
„stört, manche kostbare Anlage unter-
„graben, und überhaupt die in einem
„mehr als funfzigjährigen Zeitraume

„gesammelten Schätze von Wissenschaft
„und Geschmack ihrer gänzlichen Auf-
„lösung nahe. Mein Herz, der sanftern
„Empfindung nicht ganz fremd gewor-
„den, zerfloß bey diesem Anblick in
„stiller Rührung; es war, als zöge sich
„ein Schleyer vor meinen Augen weg,
„meine nicht ganz unnütz verlebte Ju-
„gend erinnerte mich an ehemalige
„bessere Freuden, die letzten Jahre mei-
„nes verflofsnen Lebens schienen mir
„ein Taumel zu seyn, in dem man so
„vieles gute verliehrt, ungenossen läfst,
„und in dem man nichts als unnütze
„und ermattende Träume gewinnt.“

„Dieser Seelenzustand ward lebhafter
„und angreifender, so wie ich mich
„mehr und mehr in meine Vaters Plane
„vertiefte, mit der Ausbreitung und
„Stärke seines Geistes bekannter wurde,
„und wahrnahm, was er für Kenntnifs
„gewonnen, und auf welchem Wege er

„sie sich erworben hatte. Jedes Buch
„in seiner Bibliothek, jede Verzierung
„in seinen Zimmern, jede Anlage im
„Garten ward für mich zum stillen Vor-
„wurfe, und ohne zu wissen, wie ich
„einen begangenen Fehler abbüßen und
„verbessern könnte, verzehrte ich mich
„in einem heimlichen Grame. Die Ab-
„wesenheit meiner gewohnten Zerstreu-
„ungen und die Leere um mich her,
„machte mich wieder zum Freund mei-
„ner selbst, zum Glück fühlte ich noch
„meine Gesundheit unangegriffen, die
„Kräfte meiner Seele zwar vernach-
„lässigt aber nicht zerstört, und der
„Geist des Vaters kehrte allmählich ver-
„söhnt wieder zum Sohne zurück.‟

„Der Lord hatte einen großen Theil
„seiner Einkünfte zu wohlthätigen An-
„stalten verwendet, er hatte seinen
„Pächtern neue Häuser gebauet, arme
„Familien an sich gezogen, und ihnen

„durch jährliche Zuschüsse aufgeholfen.
„Dies alles hatte seit seinem Tode auf-
„gehört; mancher von ihm unterstützte
„Hausvater war seiner vorigen Dürftig-
„keit nahe; und vieles Gute unterblieb,
„das eine kleine, klug verwendete,
„Summe möglich gemacht hätte. Dies
„alles bemerkte ich sogleich in den er-
„sten Tagen meines Aufenthalts, ich
„schlich daher persönlich unter den Ar-
„men umher, erkundigte mich nach ih-
„rer Lage, tröstete wo ich nicht hel-
„fen konnte, und faßte den festen Ent-
„schluß, Elend zu mildern wo es nur
„möglich sey. Ich war allen ein Frem-
„der, und indem man mir das Lob
„meines Vaters ohne Scheu wiederhoh-
„len zu können glaubte, zog ich trö-
„stende Vorsätze aus bitteren Ver-
„weisen.“

„Einst gieng ich noch spät am Abend
„auf eine entferntere Bauerhütte zu,

„die ich noch niemals besucht hatte.
„Ein Landmann gesellte sich auf dem
„Wege zu mir, und es ergab sich, daſs
„er der Besitzer derselben war. Das
„Gespräch fiel natürlich auf die Lage
„der Gegend, und er fieng an mir zu
„erzählen, was dies alles gewesen sey,
„ehe mein Vater von seinen Reisen zu-
„rückkam, und was dieser alles gethan
„habe, aus einer Wüste dies schöne Pa-
„radies hervorgehen zu machen. Nach
„und nach führte ihn dies weiter, er
„breitete sich mit thränenden Augen
„über seine Tugenden aus, und mischte
„im Gefühl seines Unwillens in diese
„Lobrede Bitterkeiten für mich, die
„mir tief zu Herzen drangen. Ja, mein
„Herr, setzte er hinzu, itzt arbeite ich
„vom frühesten Morgen bis zum späte-
„sten Abend, und kann doch kaum ei-
„nem kranken Weibe und fünf Kindern
„das Brod zu ihrem Wasser gewinnen.

„Ach, wie war dies doch ganz anders,
„als der gute Lord noch lebte! Er war
„unserer aller Vater, er liefs unsere
„Kranken heilen, er erzog unsere Kin-
„der, und niemals gieng ich des Abends
„zu Bette ohne eine stärkende Suppe
„und hungrig wie itzt. Eine Thräne
„begleitete diese Worte, und ich fühlte
„mein Auge gefüllt."

„Tröstet Euch, mein guter Vater,
„antwortete ich ihm, vielleicht kann
„sich sehr bald dies alles ändern."

— „Aendern, rief er bitter aus, ach!
„niemals! Aufhören muſs es bald. Diese
„Arme erschöpfen sich täglich mehr,
„und hätte ich nicht mein Weib und
„meine Kinder, ich wendete ihre letz-
„ten Kräfte an, mir ein stilles Grab zu
„graben und ruhig zu sterben." —

„Und thut der junge Lord gar nichts
„für Euch?"

— „Wie sollte er? Er kennt uns
„nicht. In der Stadt vergifst man seine
„besten Freunde so leicht, wie könnte
„er an uns armen Landleute denken? —
„Auch soll er hart und grausam seyn,
„wie uns oft sein Haushofmeister er-
„zählt." —

„Das ist er nicht, fuhr ich unwillig
„heraus. Ich kenne ihn besser. Er liebt
„Euch, er wird einst früher oder spä-
„ter von seinen Verirrungen zurückkom-
„men, und Euer Vater seyn."

„Der Alte schwieg und schüttelte
„nur zweifelnd den Kopf. Wir waren
„an der Hütte, er bat mich hineinzu-
„treten, und ich folgte ihm ohne Be-
„denken. Welch ein Anblick! Ein
„krankes, abgezehrtes Weib bewegungs-
„los auf einem einfachen Lager ausge-
„streckt, zwey Kinder neben ihrem Kopf-
„küssen, zwey andere den Vater bewill-
„kommend und an ihm heraufsteigend,

„um ihm die nasse Stirne zu trocknen;
„ein grofses Mädchen den Rücken nach
„der Thüre zugekehrt, und mit der Zu-
„bereitung einer Arzney beschäftigt; —
„das rührendste Gemälde von Armuth
„und Menschlichkeit, von freundlicher
„Kindesliebe, von der reinlichsten Häus-
„lichkeit. Das Weib hatte überdiefs
„noch merkliche Spuren eines ehemali-
„gen Reizes. Sie streckte eine weifse,
„äufserst zarte Hand ihrem zurückkom-
„menden Manne entgegen, er küfste sie
„auf die Stirne und erkundigte sich zärt-
„lich nach ihrem Befinden. Bald hier-
„auf nahm sie den Fremden wahr, und
„hiefs ihn willkommen, auch die Klei-
„nen näherten sich mir, und fragten
„mich unschuldig, ob ich Brod mitge-
„bracht habe?"

„Nicht Brod, lieben Kinder, brach
„ich gerührt aus, aber etwas wofür ihr
„Brod kaufen könnt. Ich bin ein Frem-

„der hier, setzte ich hinzu, indem ich
„mich zum Alten wandte, H--ston,
„wohin ich gehöre, ist noch weit; er-
„laubt mir lieben Leute, hier bey euch
„meinen Hunger zu stillen. Das Dorf
„ist nahe, und wir können bald etwas
„daraus zu einer kleinen Abendmahlzeit
„erhalten. Ueberdem kenne ich den
„Haushofmeister des Lords ein wenig,
„und er wird uns, hoffe ich, dazu we-
„nigstens eine Flasche guten Weines be-
„sorgen.“

„Der Alte drückte mir gerührt zur
„Antwort die Hand; er verstand was
„ich sagen wollte. Ich schrieb zwey
„Zeilen an meinem Haushofmeister, um
„eine Flasche meines besten Weines zu
„haben, nebst dem Verbote dem Ueber-
„bringer zu sagen, wer sich in seinem
„Hause befinde. Einem der älteren Mäd-
„chen gab ich eine Guinee, um Fleisch,
„Brod und Zugemüse zu kaufen. Alles

„dies war das Werk eines Augenblicks,
„und ich fand in dieser kleinen Beschäf-
„tigung einen Genuſs, den ich mir nie-
„mals hatte einbilden können."

„Indeſs hatte sich die älteste Toch-
„ter, nachdem sie ihrer Mutter die
„Arzney eingegeben hatte, umgedrehet,
„um den groſsmüthigen Fremden ken-
„nen zu lernen. Sie trat hierbey aus
„der Dunkelheit des Hintergrundes et-
„was mehr ins Helle auf mich zu, und
„ich erblickte das Antlitz eines leiden-
„den Engels, gereift in seiner Schön-
„heit, und einem geheimen Grame neue
„Reize abborgend. Niemals hatte ich
„vollkommner ausgebildete Züge gese-
„hen. Wuchs, Busen und Arm, alles
„stimmte zusammen, und die kranke
„Bläsle gab der Miene einen fühlbaren
„Zauber, der sich nicht gleich aufdrang,
„von dem aber nach einigen Augen-
„blicken Betrachtung das Herz sich
voll-

„vollkommen bemeistert empfand. Sie
„erbot sich, den Einkauf selbst zu be-
„sorgen, setzte ein kleines Strohhüt-
„chen auf, nahm ihren Korb, und
„gieng."

„Alles war mir gleich einem Traume.
„Ich schien mir selbst tugendhafter in
„eine andere Welt niedergestiegen zu
„seyn, ich belauschte mit einem neuen
„Sinne alle Mienen und Bewegungen
„meiner Wirthsleute, und schöpfte aus
„jeder eine mir noch halbfremde, em-
„pfindlichere Wollust. Neue Begier-
„den, neue Leidenschaften wachten mit
„neuen Genüssen in meiner Seele auf;
„ich freuete mich eines inneren Gefüh-
„les, sie seyen edler als meine ehema-
„ligen."

„Nachdem ich mich zu der Kranken
„ans Bette gesetzt hatte, sprachen wir
„zusammen von den Mitteln ihnen zu
„helfen. Die Aussichten und Hoffnun-

C

„gen, welche ich ihnen eröfnete, er-
„heiterten sie beyde; ihr Verstand, wel-
„cher mir gebildeter vorkam, als er
„ihrem Stande und Aeufseren natürlich
„schien, entwickelte sich mit einer un-
„gezwungenen Grazie, und ich fand
„selbst in dem meinigen neue Ideen mit
„alten langevergefsnen von Glück und
„Ruhe wieder erwachen.“

„Die Kinder kamen hierauf beladen
„zurück. Der Wein hob die Krankheit
„des ermatteten Weibes zur Hälfte; bald
„war die Abendmahlzeit bereitet; Betty,
„die älteste Tochter, würzte alles mit
„Nettigkeit und Ordnung; wir munter-
„ten uns wechselsweis auf, und nie-
„mals — niemals habe ich das feinste
„Soupé halb so köstlich gefunden, als
„diese einfachen Gerichte, die freudige
„Wärme meines Wirthes, das wieder-
„kehrende Leben seines Weibes, und
„des holden Mädchens bezaubernde Dank-

„barkeit. Wir alle genossen doppelt,
„weil es lange her war, das wir nicht
„genossen hatten."

„Beym Abschied sagte ich ihnen noch,
„dafs sie bald von mir hören würden.
„Und mit welcher Befriedigung gieng
„ich hierauf nach dem Schlosse zurück.
„Alles auf dem Wege schien mir ver-
„schönt, in jedem Baume, in dem Rau-
„schen eines jeden Blattes wartete eine
„Freude auf mich. Ich versank gleich-
„sam in die Gegenstände um mich her,
„und sie schienen mich freundschaftli-
„cher aufnehmen zu wollen. Welche
„Plane, welche Vorsätze, welche Aus-
„sichten stiegen in meiner beschäftigten
„Seele auf! Mit kummerloser Ruhe sah
„ich auf den Weg des Lebens vor mir
„hin. Es war ein neuer Abschnitt des-
„selben, der von diesem heiligen Mo-
„mente anfieng."

„Auch dein Bild, Jenny, wirkte auf
„meinen gereizten Geist. Ich fühlte,
„daſs ich deiner nicht werth sey, aber
„ich war es eben so fest überzeugt, es
„noch werden zu können. Da ich al-
„les vergessen hatte was du mir zum
„Abschiede sagtest, so träumte ich mir
„dich an meine Seite, ein edles, und,
„ich hoffte es, auch ein glückliches
„Weib. Du theiltest meine Plane mit
„mir, und was ich erfand, floſs aus
„deinem Munde."

„Auch die Glückseeligkeit macht die
„Nächte schlaflos. In dieser konnte ich
„kein Auge schliefsen, und kaum war
„der Morgen erwacht, als ich nach
„den Park hinabstieg, um alle seine
„Theile zu durchirren. In meinen Adern
„wallte eine Wärme, eine Ungeduld,
„die mich rastlos umhertrieb; ich fand
„ein jedes Plätzchen köstlich und doch
„an jedem zu bessern; ein neues Leben

„machte meinen Geist regsam und er-
„finderisch.“

„Indem besann ich mich auf einen
„Theil des Gartens, der mir noch völ-
„lig unbekannt war. Ein schmaler Fuſs-
„steig versenkte sich in ein tiefes Ge-
„büsch. Er gieng einen kleinen Bach
„entlang, den man zu mehreren niedli-
„chen Anlagen benutzt hatte. Er eröf-
„net sich hierauf immer mehr und mehr
„und verliehrt sich endlich in einen
„geraumen Platz. In der Mitte dessel-
„ben erblicke ich einen Sarkophag in
„weiſsen Marmor von acht babyloni-
„schen Weiden beschattet. Der ganze
„Raum athmet eine stumme Betrübniſs,
„man bemerkt nichts als Zypressen,
„von Epheu umschlungen, an der Seite
„ein bemooſstes Gemäuer, vom Schat-
„ten des Gebüsches halbversteckte Trüm-
„mer, am Fuſse des Grabmahles dunkle
„Blumen des Schmerzes. Ein stiller

C 3

„Jammer drückt mich in der Brust. Es
„ist mir als wehe ein Schauer aus ei-
„ner anderen Welt mich an.‟

„Bald aber heftet sich meine Auf-
„merksamkeit auf einen anderen Gegen-
„stand.‛ Ein Mädchen ist hinter den
„Weiden beschäftigt und bindet Blu-
„men. Nun ist sie mit ihrer Arbeit
„fertig, schlingt die Laubkette um den
„Stein, kniet neben ihn hin und küfst
„ihn. Ich erkenne sie itzt, es ist Betty.
„Das ausdrucksvollste Bild der Trauer,
„mit unordentlich gelockten Haaren,
„zitterndem Busen, gesenktem Auge.
„Endlich sucht sie etwas am Himmel,
„wischt sich die Thränen ab, schiebt
„noch einmal die Blumenkränze in Ord-
„nung und verliehrt sich in dem Ge-
„büsch.‟

„Erstaunt sah ich ihr nach. Mein
„Herz zerschmolz in ihrem Schmerze,
„ich eilte auf das Grabmahl zu, setzte

„mich nieder wo sie safs, und fieng
„an die Inschriften zu lesen. Mit wel-
„cher Verwunderung erblickte ich den
„Nahmen meines Vaters."

„Die Schrift lautete:

„Eduard Graf von B - - -y hat
„sich selbst diesen Stein ge-
„setzt, ein Denkmal seiner
„Reisen, seiner Beschäfti-
„gungen und seiner Philo-
„sophie."

„Auf der anderen Seite waren in
„Hautrelief folgende Symbole: Der
„Genius der Sprache wirft die Blumen,
„die er von vier Welttheilen empfan-
„gen hat, mit einer Hand der Göttin
„Englands in den Schoofs. Die Sym-
„bole der Künste sind mit einem Oel-
„zweige zusammengeknüpft in seiner
„anderen."

„Auf dem entgegengesetzten Relief
„ist ein reiches Kornfeld. Ein Saemann

C 4

„streuet auf einer Seite desselben noch
„Saamen aus; auf der andern theilt ein
„Schnitter die Garben zwischen dem
„Genius der Unsterblichkeit und der
„Wohlthätigkeit. Vorn liegt der Spie-
„gel der Wahrheit und ein Fernrohr."

„Hinten endlich bekränzt ein ver-
„hülltes Mädchen eine Urne mit Li-
„lien, Veilchen und Rosen."

„Welchen Eindruck, Jenny, mußte
„nicht besonders das letzte Bild auf
„mich machen, dies Bild der reinsten
„Philosophie des Lebens, wo die ernste
„Schönheit den Aschenkrug mit Un-
„schuld, Bescheidenheit und Vergnügen
„umwebt. Traurig sank ich an diesem
„Denkmale hin, aber mein vergangenes
„Leben trat wie hinter einem Vorhange
„zurück und die kaum gefaßten Bilder
„von Tugend und Glück flossen vor mei-
„ner Seele in ein neues zusammen."

II.

Sonnenschein und Schatten.

Das Schicksal der Menschen hängt an feineren und zerbrechlicheren Faden, als der Seidenwurm spinnt. Es ist leicht sich zu überzeugen, wie die Natur immer nur einen einzigen Gang gehet, wie das Heitre und das Trübe des Lebens dem Wetter der Jahrszeiten nachartet, und wie jene eilende Wolke, die itzt zwischen mich und die Sonne tritt, das ausdrucksvollste Bild meiner Aussichten ist.

Ein etwas anhaltendes Glück ist der Wurm, welcher der Rose den Saft ent-

ziehet. Die Blätter erschlaffen an ihrem Stiele. Man erwartet nun, eins
werde langsam und leise nach dem anderen herabsinken. Aber wie sehr irrt
man sich? Ein kleiner Windstofs, der
sich gegen Abend aufmacht, und seine
letzte schon halbgebrochene Kraft noch
gegen diese Blume verhaucht, macht
ihren Kelch in einem Augenblick leer.

.Es schien, als sey der Freyherr von
F * der Günstling des Glücks. Man
rühmte an ihm schöne Augen, einen
vortreflichen Mund, Ausdruck und Adel
in der Miene, eine blühende Gesundheit, Anstand und eine bewunderungs-
würdige Geschicklichkeit in allen Lei-
besübungen. Seine Erziehung war fast
zu gesucht gewesen, denn sie hatte ihm
manche Kenntnisse gegeben, die ihn
für diese Welt nicht nur unnütz waren,
sondern ihm auch selbst im Laufe seiner Schicksale beschwerlich fielen. Wenn

sich indefs keine seiner Lieblingseigen-
schaften mit darin einmischte, so hatte
er Verstand genug, seine übermäfsige
Gelehrsamkeit nach dem Fassungsver-
mögen der Gesellschaft zu mildern.
Ueberdem besafs er eine muntere Wendung des Geistes, welche die meisten
über seine Ueberlegenheit hinwegsehen
machte, er war aller Menschen Freund,
höflich, galant und verliebt. Was noch
mehr war, so besafs er ein ansehnliches
Vermögen.

War er der verzogene Sohn des
Glückes, so war er noch mehr der Ab-
gott der Weiber. Seine Reisen hatten
ihn, trotz seinen Ansatz zur Pedanterey,
das Geschlecht etwas kennen gelehrt,
und er befand sich nicht übel dabey,
was er an Italienerinnen, Engländerin-
nen und Französinnen gelernt hatte, auf
seine Landsmänninnen ganz leise über-
zutragen. Denn der Geist der Nation

ändert nur wenig an dem allgemeinsten Karakter der Natur, an dem Ausdruck der Liebe.

Luise von N* fesselte ihn endlich. Man kann nicht eigentlich sagen, daſs sie zuerst das Band geknüpft habe, denn es hielt ihn nichts weiter an ihr fest, als die Ueberzeugung, er habe sie gefesselt. Sie war ein sanftes holdes Wesen, aber von nicht sehr entschiedenen Gefühlen; abhängig von Gewohnheit und dem Geschmack derer, die sich einmahl auf sie einigen Einfluſs verschaft hatten; leicht zu überreden, und eben so leicht zu beleidigen; obgleich ohne die mindeste Laune, doch den Schein der Umstände getreulich zurückgebend; geduldig sich in alles findend, und mit sich und ihrer Lage beständig zufrieden; im übrigen schön wie ein Engel, gütig und liebevoll, unermeſslich reich, von einer der ältesten und angesehensten Familien; kurz ohne Widerrede, die erste Parthie im Lande.

Der Baron fand daher bey seinen Liebesbewerbungen nicht wenig Widerstand, nicht sowohl von Seiten Luisens als von Seiten seiner Nebenbuhler; und es kostete seinem Eigensinn mehr als ein Opfer, den Sieg etwas auf seiner Seite sich eigen zu machen. Denn Luisens Vater war sein ärgster Rival im Reiche der Philosophie und der Wissenschaften, und wäre er nicht so klug gewesen, einigemal seine Meynung mit Anstand aufzugeben, er hätte Luisens Wort niemals davon getragen. Indeſs half ihn grade unter diesen Umständen seine Pedanterey, er paſste zur Lieblingsneigung des Vaters, dieser stimmte ohne Mühe die Tochter, und der Tag zu ihrer Verbindung ward anberaumt.

Unter den Mitbewerbern um seine Geliebte war ihm keiner fürchterlicher

gewesen, als der Herr von B**; ein
junger Mann von unendlichem Verdienste und gerade entgegengesetztem
Sinne; fein und gefühlvoll, aber ein
wenig schüchtern; einem grellen Gegner wie der Baron war, gegenüber ein
wenig zu nachgiebig, für die Weiber
etwas zu biegsam. Hätte er nur den
hundertsten Theil von des Barons angenehmer Impertinenz gehabt, um man-
chen Anspruch, den er fahren liefs,
mit Festigkeit geltend zu machen; er
hätte ihm leicht den Rang abgelaufen.
Aber er stritt sich wenig mit dem Vater, und dieser verlohr wider Willen
manche Gelegenheit, den Vorrath seiner
Kenntnisse sehen zu lassen; er gab der
Tochter zu viel nach, welche am allgemeinen Strome festklebte, und ohne
handgreiflich gelenkt zu seyn, in ein
völlig haltungsloses Schwanken verfiel;
er liefs sich endlich nur selten ernstlich

mit dem Barone ein, und war meistens
zu bequem, seine Gründe bis zum Ende
geltend zu machen; dahingegen dieser,
der sich um so stärker ergofs, je gerin-
geren Widerstand er antraf, über ihn
sich leicht einen auszeichnenden Sieg
anmafsen konnte.

Schon war des Barons Hochzeitstag
mit Luisen angesetzt, die Gäste waren
gebeten, alle Partheyen in freudevoller
Erwartung, als ein kleiner lächerlicher
Zufall der ganzen Geschichte eine andere
Wendung gab.

Gerade war die schönste Jahrszeit,
der May und Anfang des Juny zurück-
gelegt, und das Jahr näherte sich merk-
lich der Hitze seiner Hundstage. Sonst
hatte man gewöhnlich die Hälfte der
Zeit im Garten verlaufen, wenigstens
war regelmäfsig darin gefrühstückt und
zu Abend gespeifst, itzt kündigte ihnen
aber die zunehmende Hitze eine andere

Tagesordnung an. Niemanden betrübte
dies mehr als den alten Baron, der bey
einer ziemlichen Korpulenz, noch mehr
darin zuzunehmen befürchtete, und nichts
besseres dagegen als Bewegung anzuwen-
den wußte. Er schlich daher manche
Stunde in dem Gebüsche umher, ruhete
zwar von Schweiß triefend alle zehn
Schritte einmal aus, aber glaubte sich
hierbey doch immer besser als im Zimmer zu befinden.

Der Herr v. B**, der nachdem er
seine Ansprüche als Liebhaber hatte auf-
geben müssen, doch noch immer unter
der Benennung eines Hausfreundes einen großen Antheil an allem was vor-
ging hatte, wußte seiner angeborenen
Herzensgüte gemäß, nichts besseres zu
thun, als den armen dicken Mann zu
begleiten, ihn zu führen wenn er müde
war, und ihn nothdürftig zu unterhalten, wenn er vor Mattigkeit selbst nicht
mehr

mehr reden konnte. Bey dieser Gelegenheit entwickelte er so oft einen so
gütigen, reinen, liebevollen Karakter,
daſs es dem Barone zuweilen in den
Sinn kam, ob er nicht besser gethan haben würde, ihn statt des Freyherrn von
F* zum Schwiegersohne zu wählen.
Denn dieser saſs indeſs in seinem Zimmer ganz kühl, und dachte irgend einer
Materie zu einem Streite für den Abend
nach.

An einem solchen recht heiſsen Tage,
wo, ich weiſs nicht, durch welchen
Zufall gestimmt, B** alle seine Sorgfalt für ihn angewandt und ihn beynahe
bis zum Weinen gerührt hatte, setzte
er sich endlich im Schatten eines gro-
ſsen Ahornes nieder, streckte sich recht
gemächlich aus, und athmete mit vollen Zügen die im Grünen abgekühlte
Luft ein. Bald kam es ihm in den Sinn,
es sey unverantwortlich, daſs er dieser

D

Glückseeligkeit so allein geniefse. Sein
Begleiter mufste daher einen Bedienten
rufen, den er in der Ferne wahrnahm,
und dieser ward zu Luisen hinaufge-
schickt um auch sie herunterzubeschei-
den. Es vergingen wenige Minuten so
war diese bey ihrem Vater, lobte mit
ihm aus allen Kräften die Annehmlich-
keiten des Schattens, fand den Rasen
so weich als er, und die Kühlung eben
so erfrischend. Kurz, das anmuthigste
Gespräch über die verschiedenen Genüsse des Lebens und über die Ruhe als
den einzigen wahren, ward angeknüpft
und bis zu einer ansehnlichen Länge
ausgedehnt.

Indem erschien, gleichsam ihnen
zum Trotz, eine lebendige Widerlegung
ihrer vorgetragenen Grundsätze. F*
hatte sich eben in einem Bassin geba-
det, und hielt kein Mittel die unterdrückte Transpiration wiederherzustel-

len für zuträglicher und vernünftiger,
als einen Spaziergang im hellsten Sonnenschein. Er fing daher seinen Lauf
ohne Huth und im blofsen Hemde, zuerst auf einem Rasenplatze im Garten
an, und rannte hierauf höchst eilig einige Gänge durch, bis er endlich auch
vor der Stelle vorbeykam, an der jene
obenerwähnte Gruppe sich niedergelassen hatte und in gröfster Ruhe philo-
sophirte.

Wie der Freyherr nun so vorüber-
schnellte, fieng der alte Baron an zu
lachen, und rief ihm nach: „er wäre
„doch wohl ein grofser Thor, so in
„der Sonne umherzulaufen, und sich
„das Gehirn zu verbrennen.“ Dieser
war aber einmal im Schufs, und es gab
für ihn keine gröfsere Beleidigung, als
ihn in irgend einem aufhalten zu wollen. Er drehete sich aber schnell um,
und schrie: „er bekümmere sich wenig

„um seinen Ahornbaum, und halte es
„für viel klüger im Sonnenscheine zu
„gehen."

So unverschämt war er gegen den
Baron noch niemals gewesen, auch fand
sich dieser äufserst beleidigt. Ueberdem
spielte ihm das Ohngefähr noch einen
schlimmeren Streich. Denn unglücklicherweise führte der Baron einen Ahorn
in seinem Wapen und glaubte in der
Antwort des Barons auch für dies einen
Angriff zu finden; kurz er nahm sich
vor, ihn, wenn er denselben Gang wieder zurückkäme, als künftiger Schwie-
gervater einen derben Ausputzer zu
geben.

Dies dauerte nicht lange, denn F*
hatte noch nicht vergessen, dafs er ihn
einen Thoren über eine Handlung ge-
heifsen habe, deren wahren und eigent-
lichen Grund er doch nicht wissen
konnte. Er kehrte daher sehr schnell

um, nahm, ohne weitere Einladung
freywillig bey der Gesellschaft Platz,
und nun ging der Streit an.

Nach einigen etwas bitteren Anmer-
kungen über seine Aufführung, fieng
der Alte ihn zu fragen an, wie er so
abgeschmackt seyn könnte, den Sonnenschein dem Schatten vorziehen zu wollen. Die übrige Gesellschaft stimmte
laut diesem bey, und schrie, man könne
nicht anders als höchst abgeschmackt
seyn, so etwas zu behaupten. Hierauf
erfolgten einige derbe Erläuterungen
F*s zur Antwort; er hatte auf nichts
weiter gewartet, als auf eine physika-
lische Materie, und zeigte nun dem Alten bis zur Evidenz, dafs der Sonnenschein weit mehr Nutzen als der Schatten gewähre; „denn," setzte er etwas
hämisch hinzu, „er würde wohl füh-
„len, dafs sein Ahornbaum, auf den er
„sich soviel zu Gute thue, nicht im

D 3

„Schatten, sondern im Sonnenschein ge-
„wachsen seyn müsse."

Der unglückliche Ahorn rührte das
Blut des alten Barons von neuem auf.
Er richtete sich daher schnurgerade in
die Höhe, verliefs Sonnenschein und
Schatten, und begann eine Rede über
den Adel des Freyherrn und über die
geringe Ehre sich mit ihm zu verbinden. Seinem Gegner war diese Wendung ganz etwas neues, die Augen fiengen ihm plötzlich zu glänzen an, und
er gab ihm mehr als derb diesen Angriff zurück. Kurz die Gesellschaft schrie
so lange unter einander, bis der Freyherr wie gewöhnlich Recht behielt.

Er setzte seinen Sieg noch eine Zeitlang fort. Nur nach einigen Minuten
unterbrach ihn der alte Baron, der ganz
still geworden war, und ersuchte ihn
mit der gröfsten Kälte, sich sogleich
zum Hause hinaus zu packen, wenn er

nicht von seinen Bedienten begleitet
seyn wollte. Dieser hätte in der Hitze
seinen Vater nicht mehr gekannt, vergafs Erziehung, Wohlstand, Ehre, Braut
und Vermögen, alles mit einander, sagte
ihm noch einige starke Grobheiten,
packte hierauf seine Sachen, und verliefs auf der Stelle das Schlofs, festen
Vorsatzes, die verabredete Heyrath niemals zu schliefsen, wenn der Vater ihm
nicht kniend Abbitte thun, und ihm
seine Tochter nicht förmlich von neuem
antragen würde.

Hierauf hätte er aber lange warten
können. Denn kaum war er dem Alten
aus dem Gesichte, als dieser auch die
arme weinende Luise zufrieden sprach,
ihre Hand in des Herrn von B ** legte,
und ihnen beyden seinen Seegen ertheilte.
Luise tröstete sich auf der Stelle, und
an den Hochzeitsanstalten ward nichts
weiter verändert, als dafs die Gäste zu

D 4

ihrem Erstaunen einen anderen Bräuti-
gam, als sie geglaubt hatten, antrafen.

Ueberdem war der alte Baron einmal
erhitzt, so kannte seine Wuth keine
Gränzen mehr. Auch glaubte er die
Ehre seines Stammes und Wapens rächen zu müssen. Da die Güter des Ba-
rones aber dicht an die seinigen stiefsen,
und er auf einige Kleinigkeiten desselben noch Ansprüche hatte, so suchte
er itzt nichts als die Gelegenheit zu einem Prozesse.

Was man anhaltend mit Aufmerksamkeit sucht, ist sehr bald gefunden. Sein
Jäger verfolgte ein Volk Rebhühner,
das auf einer seiner Wiesen aufgestiegen
war, bis auf eine des Freyherrn, und
schofs daselbst einige Stücke. Dieser
kam dazu, und beklagte sich. Hieraus
entstand eine Untersuchung, ob er wirklich ein Recht zu klagen habe, und ob
die Wiese nicht eigentlich dem Baron

gehöre. Man sah in den Archiven dar-
über nach, und fand in der That, das
Recht spreche zu Gunsten des letzteren.
Und hiermit erhob sich der Streit.

Man gieng von Instanz zu Instanz;
man appellirte von einem Gerichte zum
anderen, bald war keine Akademie, deren Gutachten man nicht eingeholt
hätte, die Kosten stiegen ins unermefsliche, die Hitze nahm täglich zu, und
es war kein Possen zu ersinnen, den
beyde Gegner sich nicht angethan hätten. Rechtsstreite machen aber nur den
Reichen noch reicher. Der Freyherr
hatte nicht halb das Vermögen des Barons; dieser erhielt ohne Beschwerde
seine Advokaten mit baarem Gelde in
Athem, jener borgte und verschuldete
alle seine Güter, und nachdem endlich
der Prozefs fünf Jahre gedauert hatte
und im Kabinette des Fürsten eine end-
liche Entscheidung ohne Appellation

erhielt, so hatte ihn F* mit allen Unkosten verlohren, und diese beliéfen sich
genau eben so hoch, als der Rest seines
Vermögens.

Weil überdem hiermit der Injurien-
prozeſs des Barons verbunden war, so
muſste er sich zuletzt noch zu einer
förmlichen Ehrenerklärung verstehen,
die ihm dem ganzen Hofe lächerlich
machte; und von allen seinen Reich-
thümern und Ansprüchen blieb ihm
nichts als ein einziges Pferd, ein einziger sehr schlecht versehener Mantelsack
und die Hoffnung übrig, in irgend einem fremden Lande seine politische
Laufbahn wieder von vorne anzufan-
gen. Wie er so seine väterlichen Besitzungen von einem Hügel zum letzten-
mal erblickte, rief er beschämt aus:
„Und dies alles um nichts als
„Schatten und Sonnenschein."

III.

E i n e I d y l l e.

———

Niemals hat man in einem menschlichen Karakter mehr Herzensgüte und
seltsamere Laune beysammen gefunden,
als bey dem Herrn von S**. Er hatte
lange gedient, das Ludwigkreuz, den
öffentlichen Dank seines Königs, die
Liebe seiner Soldaten und die Achtung
aller Officiere, aber auch Blessuren davongetragen, die durch dies alles noch
nicht hinreichend vergolten zu seyn
schienen, verschloß sich mürrisch in
sich selbst, zog auf ein kleines Land-
haus, das er aus dem Dienst seines Va-

terlandes gerettet hatte, und beschäftigte sich mit nichts als der Erziehung
seiner einzigen Tochter.

Lidy war nicht nur ein reizendes,
sondern auch ein Mädchen von grofsem
Gefühle. Sie sah die Sorgfalt ihres Vaters für sich nicht ohne Rührung, und
that alles, um das Gelübde der Gegen-
liebe, das sie sich täglich wiederholte,
treu zu erfüllen. Der alte Baron lebte
ganz wieder in ihrer Zärtlichkeit auf,
war nichts als Sanftheit und Nachgie-
bigkeit bey ihr, vergafs Kummer und
Sorgen, und konnte sich nichts schreck-
licheres vorstellen, als ihre Trennung
und eine 'Aenderung in ihrer Zärtlichkeit für ihn. Wenn die Wahrschein-
lichkeit von dieser ihm einmal in den
Sinn kam, so ward er halbwüthend vor
Schmerz, fluchte auf sein Schicksal,
das ihm nur diese einzige Tochter gelassen habe, und beruhigte sich mit

nichts als mit Planen, jeder Abnahme ihrer Liebe auf allen möglichen Wegen zuvorzukommen. Er ruhete endlich nicht eher, als bis er einmal in einer Stunde überfliefsender Zärtlichkeit von ihr das Versprechen erzwungen hatte, nicht eher als nach seinem Tode zu heyrathen.

So vergingen beyden mehrere Jahre ganz ruhig und friedlich. Lidy machte Aufsehen, und mehrere Familien hätten es für eine Ehre gehalten, sich mit dem Baron zu verbinden. Dieser antwortete aber, ohne seine Tochter weiter zu fragen, auf alle Anträge, die man ihm aufdrang, sein Mädchen sey noch viel zu jung, um sich zu verheyrathen.

Lidy näherte sich indefs ihrem achtzehnten Jahre, und empfand bald sehr deutlich, dafs ihr Vater, ob er gleich meistens Recht haben möge, doch manchesmal auch einen Fehlschlufs mache. Ueberdem war der Chevalier L** einer

der jungen Herren aus der Nachbarschaft, ein Mann von vollkommner
Schönheit, und hatte etwas im Gesichte
und in den Augen, das ein sanftes, ge-
fühlvolles Herz verrieth. Zuweilen kam
er vor dem Fenster ihres Gartenhauses
vorbey, und wenn er sie bemerkte, so
fand er immer einen Augenblick, sie
artig zu grüfsen, und einen Vorwand,
sich etwas aufzuhalten, wahrscheinlich
um ihren Dank zu empfangen. Seine
Blicke sagten ihr noch mehr, als die
Bewegung seiner Hand, wenn er den
Huth abzog, und es kam ihr vor, als
glüheten in der Nähe seine Wangen
höher als in der Ferne. Auch ward
sein Karakter in der ganzen Gegend ge-
rühmt, seine Besitzungen waren weit-
läuftig und man rechnete seine Familie
unter die vornehmsten in der Provinz.
Kurz, sie konnte es nicht wohl begreifen, was ihren Vater bewogen habe,

seinen Antrag so kalt und ohne alle
weitere Ueberlegung von der Hand zu
weisen.

Indessen vergieng eine Woche nach
der anderen, und sie kam mit allem ihrem Sinnen nicht weiter. Die Harfe
schmeckte ihr nicht mehr; auch fand
sie, daſs der Flügel im Grunde ein sehr
albernes Instrument sey. Sonst war sie
Liebhaberin vom Zeichnen gewesen, und
ihr Vater hatte ihr eine artige Kupfer-
stichsammlung zusammengebracht; itzt
kamen ihr aber alle Physionomien abgeschmackt vor, eine einzige Gattung derselben ausgenommen. Die Romane fand
sie unzusammenhängend, alle Liebhaber
darin unentschlossen und schüchtern.
Indeſs that sie hierin dem armen Chevalier bitteres Unrecht, denn er war gar
nicht so unbeschäftigt und scheu als sie
sich einbildete; und an einem schönen
Abend, wo sie sich, ich weiſs nicht,

durch welchen Zufall, im Pavillon länger als gewöhnlich verweilte, vermehrte
sich plötzlich die Gesellschaft um eine
Person, die von aufsen an einem Fenster
erschien, und demüthig um die Erlaubnifs bat, weiter hineinsteigen zu dürfen.

Ein grofser Schrey war die ganze Antwort, welche sie gab. Sie erkannte
den Herrn v. L ** im Augenblick, und
doch hatte sie ihn kaum erkannt, als er
auch vollends hereinsprang und zu ihren
Füfsen lag. Lidy war ein gesundes, fri-
sches Mädchen, das nicht leicht in Ohnmacht fiel; sie begriff daher sogleich,
was er da suche, und was er damit sagen wolle. Ueberdem fieng er bald an
zu sprechen, und so süfs — so süfs; ihr
Herz schlug als wollte es zerspringen,
ein eiskalter Schauer lief schnell hinter
einen glühend heifsen her, und die Augen bewegten sich ohne dafs sie es fühlte.
Wer hätte ihm doch auch widerstehen
kön-

können! Lidy hielt es für ihre Pflicht,
ihm doch auch etwas angenehmes zu sagen, um ihm nicht umsonst eine so be-
schwerliche Stellung einnehmen zu lassen; sie verirrte sich aber in den Ausdrücken, und statt ihm zu sagen: daſs
sie ihn hochschätze, und daſs er nach einigen Jahren von Treue und Ausdauer
hoffen dürfe, sagte sie ihm auf der Stelle
und gerade heraus: sie liebe ihn, und
sie liebe ihn mehr als die ganze übrige
Welt.

Welches Glück für den armen Chevalier! Zuerst konnte er es gar nicht fassen; denn er hörte nicht auf, sie zu fragen: ob es auch wirklich ihr Ernst sey?
Endlich wagte er es, und küſste ihre
Hand. Sie fühlte ganz deutlich, daſs
eine warme Thräne darauf gefallen sey.
Entweder fand sie dies sehr unanständig,
oder auch sie wollte sie wegküssen, kurz
sie zog ihre Hand weg. Ich weiſs aber

E

nicht, was sich der Chevalier hierbey
denken mochte, denn er war so vermessen einen Arm um ihren Nacken zu
schlingen, das glühende Köpfchen zu
sich niederzuziehen, und dem zitternden
Munde ein Küfschen zu rauben. Hierauf mufste ihm wohl einfallen, dafs der
Diebstahl ein Verbrechen sey, und nicht
anders als durch die Auslieferung des
Gestohlenen wieder gut gemacht werden
könne; er gab ihr daher denselben wieder zurück und vielleicht noch einen
mehr; sie hingegen wollte kein Geschenk
von ihm annehmen, ohne baar zu be-
zahlen.

Nimmermehr hätte dies ein gut Ende
genommen, wenn ihr nicht eingefallen
wäre, der Vater könne dazu kommen.
Der gute Alte war auch schon wirklich
auf dem Wege, wie man an seinem
Husten auf der Treppe klar vernehmen
konnte. Kaum hatte daher der Chevalier

Zeit zum Fenster hinauszuwischen und
sich nebst seiner Leiter im nächsten Gebüsch zu verstecken, als auch der Baron
hereintrat, und seine Tochter über ihre
Unvorsichtigkeit, sich bey offenem Fenster so der Abendluft auszusetzen, recht
derb ausschalt. Der Zug, welcher durch
das Fenster hereingekommen war, hatte
sie auch wirklich so sehr erhitzt, dafs
sie über eine fieberhafte Wallung zu klagen anfieng, schnell hinzurannte um die
Fenster selbst zuzuschliefsen, und die
erste war, welche zur Thüre hinaus-
gieng. So zärtlich war sie selbst für die
Gesundheit ihres Vaters besorgt.

Seit dieser Zeit liefs der Baron seine
Tochter niemals gegen Abend aus den
Augen, und es fand sich keine Möglich-
keit zu einem ähnlichen Ereignisse. Der
Chevalier fand das Zimmer beständig
leer, und trug seine Leiter weit langsa-
mer wieder nach Hause, als er sie her-

E 2

beygeschleppt hatte. Dies war seine
Abendbeschäftigung, während dafs er
seinen ganzen Tag dazu anwandte über
allerhand Einfälle nachzusinnen, wie
man dem Barone am besten näher kommen könnte.

Hierzu standen ihm zwey Wege offen. Der Baron liebte die Jagd und betete alle Arten von Poesie an. Der Chevalier schofs aber wie ein Korse und
machte erträgliche Verse. Er fieng daher damit an, täglich einen feyerlichen
Jagdzug vor dem Hause des Barons vor-
beygehen zu lassen, dieser fand sich natürlich am Fenster, es erfolgte bald ein
Gespräch nach dem anderen, man ladete
endlich ein, man kam herab, setzte die
Jagdmütze auf, nahm die Flinte in die
Hand, und schlofs sich an die Uebrigen
an. Was war begreiflicher, als dafs man
nach der Zurückkunft dem artigen Herrn
Chevalier ein Glafs Wein zur Erfrischung

in seinem Hause anbot, oder die ge-
schossenen Haasen zusammen zu verzeh-
ren wünschte.

Lidy machte dann so gut die Hon-
neurs, als die Augen oder ein geheimer
Händedruck des Chevaliers es nur immer
zulassen wollten. Während dafs der Vater die Jagdflinte abwischte und wieder
auf morgen lud, ward auch wohl ganz
leise ein Küfschen gefodert und eben so
leise gegeben. Der Wein erhitzte endlich die Köpfe, man fieng von Poesie an
zu sprechen, der Chevalier machte auf
der Stelle ein Gedicht zum Lobe der
Jagd und des Barons, der heute die beyden Haasen ganz allein geschossen hatte;
und berührte zuletzt die schönen Augen
der Demoiselle, nebst den Qualen seines
verliebten Herzens. Der alte Baron, dem
der Wein und die Freude schon die Thränen in die Augen getrieben hatte, konnte
nun diesem unmöglich mehr widerste-

E 3

hen, fieng an zu schluchzen, und that einen grofsen Schwur, niemand solle sein Schwiegersohn seyn, als der Chevalier, wenn er bis zu seinem Tode warten wolle. Lidy nahm von den letzteren den Vorwand auch zu weinen, der Liebhaber machte den Tröster und sagte ihr alles vor, was ihm nur sein zärtliches Herz eingab; und in einem solchen schönen Augenblicke war es, dafs der Alte ihre beyden Köpfe zusammenstiefs und schrie: „Was hilft das Geschrey „alles! Da! küfst Euch nur. Aber nicht „weiter, so lange ich lebe!"

Auch waren alle Vorstellungen vergebens. Der Chevalier warf sich ihm zu Füfsen und Lidy konnte ihn unmöglich allein knien lassen; aber alles war in den Wind geredet. Ein Stein hätte sich mehr rühren lassen und eine klügere Antwort gegeben als die des Barons: „Sprecht Euch, und küfst Euch, aber so

„lange ich lebe, nicht weiter!" Es blieb daher nichts übrig, als sich zu trösten, so gut als man konnte; und dies war gut genug, denn man sah und küßte sich alle darauf folgenden Tage vom Morgen bis zum Abend, und es fehlte nichts weiter als die Nacht.

Der Chevalier war aber jung und sehr ungeduldigen Temperaments; Lidy stand ihm in keinem von beyden nach; man heckte daher allerliebste kleine Plane aus, und da man keinen Augenblick unbeobachtet blieb, so entstand hieraus eine zärtliche Korrespondenz. Es blieb hierin nicht bey Prosa, sondern man warf sich auch in die Poesie, und ersann alle Tage etwas neues. Der Baron bekam endlich auch seinen Theil davon, und da er besonders die Idylle sehr liebte, so hatte man bald nichts als reizende Schäferinnen, Schallmeyen und Schaafe, und weiſse Kleider mit rothen Bändern im Kopfe.

Man verfiel zuletzt darauf, eine Idylle in Gesprächen zu verfertigen, und dieser gab man den Nahmen eines Schäfer-spieles. Nachdem ein jeder einige ein-zelne Szenen ausgearbeitet hatte, setzte man sie nothdürftig zusammen; dessen-ungeachtet fand der Chevalier das Ganze so schön, daſs er ausrief: Nichts fehle itzt weiter daran als die Aufführung. Glücklicherweise war nur ein Frauen-zimmer im Stück, und der Baron besann sich, die Vorstellung sey vielleicht mög-lich, wenn man einige seiner jungen Bauern verkleiden lassen könne. Ueber-dem schlug der Chevalier noch einen seiner Freunde vor, auf dessen Ver-schwiegenheit so gut als auf seine Ta-lente zu rechnen sey. Kurz nach einigen Schwierigkeiten nahm der Alte den Vor-schlag an, Lidy verstand sich zu ihrer

Rolle, der Schulmeister ward beordert, die fähigsten Bauren auszusuchen und das Stück einstudieren zu lassen; auch der Chevalier fieng an zu lesen, und indeſs bauete der Baron das Theater.

Die Geschichte der dialogisirten Idylle war ohngefähr folgende: Ein armer Schäfer liebt die Tochter eines reichen, und natürlich findet der Vater hierin einen hinreichenden Grund, ihm ihre Hand zu versagen. Gerade dies ist es aber eben so natürlich, was das Mädchen bewegt, ihm dafür ein Geschenk mit ihrem Herzen zu machen. Die Schwierigkeiten vermehren sich. Man kann sich daher nichts rührenderes und anmuthigeres als die Klagen denken, worin sich beyde ergiefsen, daſs sie sich nicht heyrathen können. Diese hatte der Chevalier mit Lidys Hülfe gemacht, die Antwort und Abfertigung des Alten war hingegen das Werk des Barons.

E 5

Im nächsten Wäldchen ist ein Altar
des Pans, wohin sich die Liebenden täglich im Geheimen verfügen, um ihm zu
opfern, und wie der Gott eines Tages
recht guter Laune ist, fällt es ihm ein,
sichtbar niederzuwallen, und sie zur
Vermählung einzusegnen. Hiergegen
kann nun die ganze Welt nichts mehr
einwenden, und der Vater sieht sich zur
Einwilligung gezwungen. Nur nach
vielen Erinnerungen und Bedenklichkeiten ließ der Baron dies Ende des
Stückes gelten; denn er schwur, er
würde dem Pan den Kopf zerschlagen
haben, wenn er ihm einen solchen
Streich gespielt hätte.

Bey der Aufführung gieng alles seinen natürlichen Gang. Zuschauer waren der Herr Pfarrer, der Amtmann
nebst Gemahlin, und einige Alte. Die
jungen Bauren stießen nur einige zwan-
zigmahle an. Man kann sich denken,

wie oft sich der Chevalier nebst seiner
Geliebten, denen wider alle Gewohnheit der Schauspieler, das Herz immer
stärker und lebhafter schlug, je mehr
sie dem letzten Akte sich näherten, ein-
helfen lassen mußten. Indeß ersetzten
sie aus den Eingebungen ihres Herzens,
was sie an ihrer Rolle vergessen hatten,
und füllten mit Küssen aus, was im Ge-
spräche fehlte.

So kam man zur Einsegnung Pans.
Im Manuskripte hatte dieser bey der
Handlung einen einzigen Zeugen: aber
entweder die Neugierde hatte einige
Leute herbeygezogen, oder was sonst
die Ursach seyn mochte, kurz es waren
itzt drey Personen dabey. Außer den hatte
niemand so schlecht auswendig gelernt,
als eben dieser Herr Pan, und der Baron
bemerkte auf der Stelle, sobald er nur
den Mund aufthat, daß er von seiner
Rolle kein Wort mehr wisse, und daß

er alles was er da sage, aus seinem eigenen Gehirne nehme. In der That war es
auch gar nicht die Sprache der griechi-
schen Schäferwelt, in der er ihre Verbindung knüpfte, sondern die der rö-
misch - katholischen - apostolischen Kir-
che, er vergaſs sich selbst so weit, beyde
die Ringe wechseln zu lassen, und es
fehlte zu einer regelmäſsigen Trauung
nichts als das Weihwasser.

Wie der Baron diesen gewaltigen
Verstoſs gegen das Kostum wahrnahm,
so konnte er sich unmöglich enthalten,
in der Stille alles das in Zweifel zu ziehen, was ihm der Chevalier von den
Talenten seines Freundes vorgeschwatzt
hatte; ja, er war einigemal im Begriff
aufzuspringen, und die Musen und Grazien schrecklich zu rächen. Auch der
Pfarrer war über die Entweihung der
heiligen Gebräuche äuſserst erbittert.
Kaum hatten indeſs beyde Zeit, über

das Ganze etwas nachzusinnen, als auch
der Vater sich schon gehörig zum Ziel
gelegt hatte und der Vorhang niedersank.

Alle Lustbarkeiten der Art müssen
nothwendig mit einem Schmaufse endi-
gen. Dié Spieler kleiden sich um,
während dessen arbeitet der Baron an einer Rede über die Unschicklichkeit, besonders in der Idylle die poetische Freyheit zu weit auszudehnen. Wie die Zeit
zur Tafel gekommen ist, eröfnet sich
die Thüre; die Gesellschaft tritt herein.
Man sieht den Pan in einem schwarzen
Kleide, nebst Barett und Mäntelchen.
Er führt auf dem Baron seine beyden
Kinder zu; sie fallen ihm zu Füfsen,
und er, überrascht — läfst sich versöhnen.

IV.

Die drey Küsse.

Der Herr von P** war ein junger Mann
von grofsem Verdienst. Er hatte eine
zuvorkommende Gestalt und viel Talent
mit Sitten und Geschmack vereinigt,
und da er vom Glück so wenig als von
der Natur vernachläfsigt war, so hatte
es das Ansehen als käme es nur auf ihm
an, auch von der Liebe begünstigt zu
werden. Aber vorher stand ihm noch
ein seltsames, aufserordentliches Schicksal bevor. Ein Küfs, den er sah, ein
Kufs, den er veranlafste, und endlich

ein Kuſs, den er empfieng, flöſste ihm
eine zärtliche Leidenschaft ein, zerstörte sie wieder, und gab ihm eine
neue; — und alle drey kamen von einem einzigen Munde.

Kaum hatte er vier und zwanzig Jahre,
als seine Familie auch für gut fand sich
nach einer Gemahlin für ihn umzusehen.
Die Wahl fiel in der an Schönheit nicht
armen Provinz anfangs auf mehrere, aber
Ernestine von F** vereinigte so sehr
alle Vorzüge der übrigen, daſs man sich
genöthigt sah, einmüthig bey ihr stille
zu stehen. Ja, ich glaube, man würde
sie in aller Rücksicht haben vollkommen nennen können, wenn sie für diese
Welt nicht ein wenig zu gefühlvoll und
nicht Thörin genug gewesen wäre, dem
Baron ihr Herz eher zu schenken, als
er sich darum zu bewerben Miene gemacht hatte. Denn diesem kam es vor,
als erröthe noch irgendwo ungesehen
eine Rose für ihn.

Ernestinens Werth war indefs ent-
schieden und ihm selbst fühlbar, seinem
unentschlossenen, widerspenstigen Herzen drängten sich täglich neue Gelegen-
heiten auf, ihn noch mehr kennen zu
lernen, und seine Familie war nicht
weniger ungestüm. Alles dies machte
ihn zu einer Entfernung auf eine Zeitlang entschlossen. Er zog sich in aller
Stille auf ein von seiner Mutter geerb-
tes Gut zurück, entsagte durchaus allen
Geschäften, legte sich eine Kanarien-
hecke und einen Taubenschlag an, und
pflanzte Blumen und Bäume. Eine Büchersammlung nach seinem Geschmacke,
ein Fortepiano und eine Flinte gaben
mit einen neuen Schwunge seinen Ideen
eine einfache Genügsamkeit; aufserdem
stand er noch oft bey dem Pfluge eines
seiner Bauren still, liefs ihnen alle
Sonntage aufspielen, und fand sich mit
ihrer Freude für eine halbe Tonne Bier
nicht übel bezahlt.

Bald verdrängte indeſs der Garten-
bau alle übrigen Beschäftigungen; und
hätte man ihn den Tag über zwischen
seinen Reben arbeiten gesehen, wie er un-
ermüdet pflanzte, selbst Wasser schöpfte,
und keinen Baum ungepfropft lieſs; wie
er selbst des Mittags Hitze so gelassen
ertrug, als sey er dazu gebohren und
erzogen; und wie ihm endlich kein
Abendbrod mehr schmeckte, als unter
der gröſsten Linde, in einer dunklen
Vertiefung des Gebüsches, beym Ge-
schwätz der Vögel und des Baches, —
man wäre immer in Gefahr gewesen,
ihn für einen Philosophen zu halten.
Aber der Gärtner hatte ein niedliches
Mädchen, und dies naive, unschuldige
Ding hieſs K l ä r c h e n.

Der Baron war ein lebendiges Bey-
spiel, wie sich der Geschmack mit den
Jahren verändert. An seiner Amme hatte
er jenen Nahmen ganz unerträglich ge-

F

funden; seit einiger Zeit kam er ihm
eben so angenehm und wohlklingend
vor. Zum wenigsten wiederhohlte er
ihn oft im Stillen bey sich selbst, ver-
suchte einen Wiederhall damit, oder
schrieb ihn in Gedanken vor sich im
Sande.

Nicht lange noch hatte er von gan-
zem Herzen über die Thorheiten in den
Idyllen gelacht, wo die ganze Welt
nur von Milch und Brod und von Früch-
ten lebt, wo man nur unter Rosenlau-
ben und einem Strohdache mit Festigkeit schlummert, wo der Tod eines
Sperlings ein halbes Dorf beschäftigt,
und man der Liebe hübsch verhüllt und
unter züchtigen Symbolen pflegt. Eine Pa-
riser Oper galt ihm mehr als hundert der
seelenvollsten Schäfertänze, und er bildete
sich ein, diefs seyen oft nur Träume,
wenn man aus Langeweile über seine eigenen Ideen sanft eingeschlummert sey.

Itzt rächte sich aber die einfache Natur
an ihn. Er begriff es, so sey das Blü-
thenalter des Lebens bey einzelnen Menschen, wie unter einer jungen Nation.
Er ward stolz auf die Hecke, die er be-
schnitt, auf den Straufs, den er band,
auf ein Lied, das er ersann. War jenseits der Mauer seines Parkes noch Erde,
oder blühete sonst noch ein Strauch,
oder erquickte noch anderswo Schatten
oder das kühle Herabrinnen des Was-
serfalls? — Er wufste es nicht und ihn
kümmerte es nicht.

Mehr als ehedem sann er über sich
nach, und doch war er sich itzt weit
unerklärbarer als sonst. Vorher hatte
er genossen, nun hätte er gerne wissen
mögen, wie man genösse. — „Was
„macht denn glücklich?“ sprach er
leise zu sich selbst. „Eine gewonnene
„Schlacht, ein neues wohlthätiges Ge-
„setz, Glanz, Rausch und Fülle? —

„Nein, dies alles gewiſs nicht! Dies
„alles ist zu stark gewürzt und ermüdet
„die Nerven. — Aber stille Wirksam-
„keit, Gemächlichkeit und Ruhe? Und
„doch fehlt hier immer noch etwas.
„Die Menschheit liebt nicht Todten-
„stille um sich her, und der Friede
„des Grabes ist nur für den Erschlaff-
„ten. Zwar rauscht der Käfer neben mir
„im Grase, und der geschäftige Schmet-
„terling schwimmt auf jener Blume,
„Bienen summen und die Vögel singen.
„Auch das Herz, das mir hier vernehm-
„lich klopft, unterbricht die Ruhe der
„Natur — aber anders würde es noch
„seyn, noch eins neben sich schlagen
„zu hören, in ihm den Puls des Lebens
„zu fühlen, und des Blutes Wallen und
„Weben." —

In dieser Stelle seines Selbstgesprä-
ches befand er sich gerade einem Gange
gegenüber, welcher auf einen Rasen-

platz mit einem kleinen Wasserbehälter
zuführte. Er bemerkte, daſs sich daselbst etwas bewege, und warf mechanisch einen Blick hin. Ein Knabe spielte
am Rande des Bassins, brach die Grafs-
blumen in seiner Nähe ab, warf sie
ins Wasser und ergötzte sich an den
Kreisen auf der Fluth. Eine andere
weiſse, schlanke Gestalt hatte sich ebenfalls auf das Grafs niedergelassen, und
sah mit stillem Sinnen dem Kleinen zu.
Und dies war Klärchen.

Der Morgen kündigte einen heiſsen
Tag an, aber das Mädchen schien eben
frisch aus dem Bade gestiegen zu seyn,
denn nie hat eine Rose schöner geblühet, welche der Thau in der letzten
Nacht mit seinem erquickendsten Bal-
sam begofs. Ihr Haar schwankte im
leisen Hauche der Luft wellenweis auf
dem zarten Busentuche, und schien diesem eine so üppige Bewegung mitzu-

theilen, dafs ihn eine einzelne Rose
vorne nur mit Mühe in bescheidenen
Umrissen zusammenhielt. Ein Röck-
gen, allen Theilen angegossen, war
nicht neidisch genug, den feinsten
Wuchs — und ein reizendes Bein zu
verstecken; eine blendend weifse Hand,
über welche der Sonnenstrahl noch nichts
vermocht hatte, zerstörte spielend mit
einem Stäbchen die Wasserzirkel des
Knaben; ein blaues Auge verfolgte die
Bewegungen seines Zornes mit theilnehmenden Muthwillen, und zwey blühende Lippen drückten die verstohlene
Freude ihres Herzens lächelnd aus.

Itzt war das Spiel zu Ende und sie
konnte sich nicht länger halten. Sie
zog den süfsen Jungen an sich heran,
sie liefs den Stock fallen und schlang
den Arm um seinen Nacken, ihre Wange
lehnte sich heiserglühend an das kleine
widerstrebende Köpfchen, ihre Lippen

berührten leise seine Stirne, wagten
sich allmählich immer tiefer und tiefer;
der reizendste Kuſs endlich, ein erster
Kuſs, halbweggewandt, halbverlohren
und halbverseufzt, begegnete schaamer-
röthend seinem stammelnden Munde.

———————

Der Baron erstaunt über dies Schau-
spiel. „Was sagtest du, daſs dir fehlte?"
frägt er sich selbst. „Nichts fehlt dir,
„Gustav, als ein einziger solcher Kuſs.
„Welches Ueberströmen eines zu vollen
„Herzens, welcher Ausdruck in diesem
„Ueberströmen? Tauschtest du wohl
„itzt mit diesem Kinde?" — Es ist in
diesem Augenblick, als habe er in seinem Gesichte etwas vor aller Welt zu
verbergen, er wendet es glühend nach
der entgegengesetzten Seite, er verdop-
pelt die Schritte, das Herz klopft ihm
hörbar, er eilt den nächsten Gang zum

Schlosse hinab, frägt sich warum er so
eile, und frägt sich endlich, wie er
sich schon einsam auf seinem Zimmer
befinde.

. Aber auch hier bleibt er nicht lange
allein. Licht und Schatten verkürzen
sich um ihn her, allenthalben erblickt
er einen schneeweifsen Arm, der sich
um etwas schlingt, das er nicht kennt,
und in jeden Winkel begegnen ihm
zwey rothe Lippen, die etwas küssen
das er nicht wissen will. Er starrt
seine Kanarienvögel an, und bemerkt
nicht, dafs er sie heute zu füttern vergessen habe; der Tag ist so heifs, dafs
man sich im Garten dem Sonnenstich
unmöglich aussetzen kann, seine Kupfer-
sammlung ist mager, das Fortepiano
verstimmt und seine Büchersammlung
von Herzen elend versehen. Niemals
hat er seine Philosophen so sehr in ihrer abgeschmackten Blöfse gefunden,

die Geschichte nie unwahrscheinlicher,
die Romanen nie unnatürlicher. „Mufs
„sich denn die ganze Welt verheyra-
„then?" ruft er unwillig aus, indem er
sein Buch in einem Winkel wirft.

Nachdem der Abend lange genug aus-
geblieben war, kam er endlich einmahl
heran. Der Baron trat auf den Balkon
und besann sich ein Weilchen, ob das
vorübergegangene Gewitter die Luft in
der That so abgekühlt habe, als es
scheine; aber nichts war wirklicher,
denn die Düfte erfrischter Blumen er-
gossen sich in kühleren Wellen über
die gebeugten helleren Halme, über die
schauernden Blätter, und die Abendröthe schwamm auf schnellen vorüber-
schwebenden Wolken. Die Vögel hatten munterere Töne gesammelt, und
nahmen befriedigt von der Natur auf
eine Nacht Abschied. Der Baron hatte
sich indefs besonnen, dafs er vor eini-

gen Abenden ein Volk Rebhühner bemerkt habe, die Flinte war geladen,
er schwang sie verdrossen auf dieSchul-
ter, und lief, ohne zu wissen wohin,
eiligst seiner Beute nach.

Wie er sie eine Zeitlang dicht vor
seinen Füfsen- gesucht und mehrmals
seine Hunde derb ausgescholten hatte,
dafs sie ihn mit ihrem Bellen in seinen
Träumen störten, befand er sich auf
einmal im buschigsten Theile des Gartens, ohne im geringsten begreifen zu
können, wie er doch dahin gekommen
seyn müsse. Wunderbar genug rieselte
gerade die Quelle bey ihm vorbey,
welche das Schlofs und das Bassin mit
Wasser versorgte; er fand, dies sey gerade ein Platz, dessen seine Ermüdung
bedürfe, und liefs sich auf dem Grase
nieder, das ihm hier frischer als irgendwo vorkam.

Der heraufsteigende Mond scheint auch schon hell genug, um die einzelnen Tropfen, welche sich mühsam zwischen dem grauen Moose und Epheu hervorstehlen, schwermüthig zu versilbern. Alles ist nur von einer einzigen Laune beseelt, alles schwebt zwischen dem Gefühle einer dumpfen Ruhe und ängstlicher Beklommenheit, zwischen Traum und Wachen, zwischen Ohnmacht und Bewustseyn. Das bewachsene Gemäuer sieht sympathetisch düster in den hellen Grund, der Abendwind, welcher hinter den Gebüschen heraufschleicht, bewegt kaum die trägen Wellen, und sie wälzen sich gleich schwer über Steine und unter freundliche Blumen hinweg.

Als die Nacht indefs kühler ward, machte der Baron die Bemerkung, es sey Zeit ins Zimmer zurückzukehren. Der lange Tag hatte ihm noch länger

gedünkt, und doch hätte er in diesem
Moment noch viel darum gegeben, ihn
noch weiter ausdehnen zu können. Die
ganze Nacht hindurch wäre er itzt gern
spazieren gegangen, und ob ihm gleich
das zarte Mondlicht für seine Sterbe-
laune weit paſslicher schien, als der
hellste Sonnenschein, so däuchtete es
ihm doch, er würde in jenem etwas
nicht antreffen, was ihm in diesem
vielleicht nicht entgangen wäre.

Schon ist er in den Schloſshof getre-
ten, und hat die Gartenthüre zugeschla-
gen, als er etwas hinter sich herschreyen
hört. Es ist ein Kind, das seine beyden
zurückgebliebenen Hunde necken. Welche Eile hat er nicht, die Thüre wieder aufzureiſsen und ihm zu Hülfe zu
kommen; er stöſst wider alle Gewohnheit die beyden Hunde mit dem Fuſse
heftig fort, und nimmt den kleinen Jungen auf den Arm. Auch ist es in der

That der Knabe, den er heute früh am
Behälter küssen gesehen hat. Das arme
Kind ist noch so sehr erschrocken, daß
es sich weinend an den Baron an-
schmiegt; dieser tröstet und streichelt
es und drückt das kleine liebe Gesicht-
gen an sich. Der Knabe, etwas beruhigt, versteht ihn, er legt tändelnd den
Kopf an seine Wange, und wie er sich
noch mehr nach der Seite herumdreht,
begegnen sich endlich die Lippen von
beyden.

Der Baron fährt etwas erschrocken
zurück; wie er aber wahrgenommen
hat, es sey nichts was ihm am Munde
brenne, überläßt er sich einem leisen
Instinkte, und während daß er sich
ganz vergißt, küßt er sich doch am
Kleinen nicht satt.

„Welche außerordentliche Erschei-
„nung!" rief er aus, als er wieder in
sein Zimmer trat, „kenne ich mich

„wohl noch seit heute früh? Ist das
„Gustav, welcher nie mit einem Abend
„zufrieden war, der nicht auf einen
„mühseeligen, arbeitsvollen Tag folgte.
„Alle meine Vorstellungen sind so ganz
„verändert, und ich finde in meiner
„Seele eine andere Welt. Und was ist
„die Ursach von allem diesem? — Ein
„Mädchen, das einen Knaben küfst.
„Aber welch ein Mädchen auch! Wer
„hat ein brauneres Haar gesehen, wer
„einen schlankeren Wuchs, einen weis-
„seren Arm, verlangendere Augen und
„einen glühenderen Mund? O, es ist
„ein schönes, schönes Kind der rein-
„sten Natur! Und welches Verdienst,
„welch ein Glück es lieben zu lehren.
„— Ist es auch nur ein Traum, so ist
„er doch schön. Die Phantasie hat
„nichts lieblicher, als den warmen
„Hauch eines Zephyrs, der mit ver-
„wandten Düften den keuschen Kelch
„der jungen Rose entfaltet."

Mit diesen Worten warf er das Fenster auf, und sah in die herrliche Som-
mernacht hin. Seine Einbildungskraft
erheiterte sich in ihrer zarten Dämme-
rung. Die Nachtigall, welche in der
Linde vor ihm saſs, obgleich ein Spät-
ling, hatte niemals so bezaubernde Töne
gehabt; in einer dunkleren, erfrischen-
dern Bläue hingen die blinkenden Sterne
ungeachtet der Erleuchtung des Mon-
des, leiser flatterte und sträubte es sich
zwischen den Blättern, und wenn es
sich neben ihm regte, so schienen es
nur verstohlene Seufzer zu seyn, in denen die Schöpfung einen wollüstigen
Schlummer verathmete. Seine Seele
schwamm auf den Dünsten im bleichen
Mondstrahle hin und her, in dem gebro-
chenen Lichte eines Strauches, auf einem Blumenbeete, und verweilte endlich auf einem Bassin, in welches ein
Wasserfall gleich einem Bache herab-
sank.

Im Moment verwandelte sich auch plötzlich die Schöpfung. Eine Geisterwelt fieng sie zu bevölkern an. Ein Knabe, ein Mädchen, Blumen, flimmernde Kreise, ein Arm, ein Kuſs, schlüpften feenhaft vor ihm hin, wiederhohlten, vermischten sich. Bald war alles wieder verschwunden. Ein Duft blieb zurück, undeutlich und rosenfarben, als hätten sich Sehnsucht und Hofnung zusammen verköfpert. Hierauf warf der Baron das Fenster zu, sank ermattet aufs Bett, und drückte sich gewaltsam die Augen zu, um nichts mehr zu sehen; aber der Schlaf war zugleich mit den Bildern verlohren gegangen.

Unglücklicherweise war der darauf folgende Morgen der eines Sonntages. Für den Unruhigen ist ein Zeitpunkt der Ruhe etwas entsetzliches. Alles neben ihm schien eine dumpfe Erwartung zu athmen, auch keine menschliche Seele

Seele liefs sich sehen, und das ganze
Dorf war wie ausgestorben. Seine un-
beschäftigten Sinne begannen ihn wirklich erkranken zu machen. Er ifst und
trinkt den ganzen Tag nicht, er setzt
in der stärksten Sonnenhitze sich am
Bassin, um einen Straufs, den er ge-
pflückt hat, hineinzuwerfen, und als
man sich am Abend zum Tanze unter
der grofsen Linde versammelt, läfst er
sich seinen gröfsten Lehnstuhl hintra-
gen, und erklärt laut, er sey zum Sterben krank.

Sein Gesicht hat aber noch niemals
frischer geblühet und die Zerstörung
der Nacht unter den Rosen der Wangen
ist durch die Wallung des Tages wieder gut gemacht. Während dafs er daher den Kopf hängt und stützt, lachen
die jungen Leute im Geheim über seine
gefährliche Unpäfslichkeit, lassen sich
in ihrer Laune nicht anfechten, ja sie

G

scheinen sich dem Barone zum Trotz
recht eigentlich das Wort gegeben zu
haben, viel ausgelafsner als jemals zu
seyn.

Das Vergnügen des Tanzes wird endlich zu einfach, die Freude etwas rau-
schender. Man macht von den Hüthen
und Busentüchern die Sträufse los, und
wirft sich damit. Nachdem man sich
aber eine Zeitlang unter lautem Geläch-
ter damit überschüttet hat, fährt zuletzt
dem armen Baron, der kaum Herr genug über sich bleiben kann, seinen Unwillen nicht ausbrechen zu lassen, zum
gröfsten Unglück ein Blumenstraufs ins
Gesicht. Die Versammlung bemerkte
es, die ganze Lustbarkeit stockt, man
erblafst und sucht ängstlich nach dem
Thäter umher.

„Wer warf diesen Straufs?" fuhr der
Kranke etwas erbittert auf. Keine Antwort. Alle sahen sich verstummt an.

Diese allgemeine Verlegenheit kühlte ihn wieder ein wenig ab, er nahm ein mildes Lächeln an, und fuhr gelassener fort: „Glaubt nicht, Kinder, daſs ich „beleidigt bin, ich möchte nur wissen, „wer ihn warf?"

Auf diese Ermahnung drängte sich aus dem dichtesten Haufen der Thäter hervor; Klärchen stellte sich gluthroth vor Schaam mit bittender Gebehrde vor ihrem Gebieter hin. Dieser war im Grunde des Herzens erstaunend auf sie erbittert, denn sie war heute ausgelassener als jemals gewesen; aber sie stand itzt vor ihm, schön wie ein Engel Gottes, eine reuige Sünderin, die Göttin der Liebe, die ertappt zu einem Magdalenengesichte ihre Zuflucht nimmt. Er wollte ihr etwas hartes und beleidigendes sagen, aber die Zunge versagte ihm diesen Dienst, und der Arm, den er etwas drohend in die Höhe gehoben

hatte, überreichte ihr im nemlichen
Augenblick mit der sanftesten Biegung
den Strauſs. Klärchen hatte sich eben
so bald wieder gefaſst, sie dankte ihm
mit einem feinen Lächeln, aber ein
schelmischer Blick sagte ihm zugleich:
man wisse wohl, was dies alles be-
deute.

„Was sagt dieser Blick?" dachte der
Baron nach. „Sprach er von Neigung,
„und war er das sanfte erste Geständ-
„niſs der Unschuld? Oft ist ein Zeuge,
„den die Dankbarkeit aufruft, ein stil-
„ler Verräther des Herzens, und die
„wahre Sprache desselben wird nur
„durch Ueberraschungen hörbar. Hoffe
„immer Gustav. Aber hoffe nicht zu
„viel; denn wie kann dies doch alles
„enden."

Er hatte überhaupt in seinem Geiste
ein gewisses englisches Phlegma, das
alle seine Bewegungen beobachtete.

Wirklich mehr Zögling der Vernunft,
als es seinem Alter eigentlich erlaubt
seyn mag, gab er doch seinem brennenden Blute hinreichenden Raum sich
zu rächen, das Feuer seiner Leidenschaften nahm durch Raisonnement zu, und
seine Begierden frafsen beym Mangel
des Ergusses gieriger im Inneren um
sich. Denn in den Adern eines Vul-
kans, den eine Rinde von Eis bedeckt,
schleicht die Gluth um so verzehrender
fort.

So kämpfte der Baron mit sich selbst
in geheimen Grame. Die geheiligten
Vorurtheile der Geburt, die Ansprüche
einer geliebten Familie, das Bewufst-
seyn seines eigenen Karakters und Stolzes waren fast unüberwindliche Gegner
einer Liebe, welche dies alles überwin-
den, einer Philosophie, welche dies alles verachten lehrte. Klärchen hatte einen offnen Verstand, ein zartes Gefühl,

G 3

Feinheit und Wohlwollen; sie schien
geschaffen dazu, jeden glücklich zu machen, der für dies Leben nichts verlangt als einen einfachen Genuſs; doch
die ersten eingebohrnen oder einge-
pflanzten Ideen von Gröſse übertäuben
sich wohl, aber vergessen sich niemals,
und über nichts wird die Vernunft leichter Herr als über erschlaffende Sinne.

Ein junges Mädchen, das weiſs wie
schön und artig es ist, sieht scharf im
Punkte der Liebe. Sprach man bey
Klärchen von des Barons Traurigkeit,
so dachte sie in sich selbst gekehrt an
den Apfel, den er ihr heute mit so be-
deutendem Blicke geschenkt, an den Ei-
mer, den er ihr tragen, an die Hecke,
die er ihr hatte anbinden helfen. Es
war ein Mädchen so gut wie ein anderes; sie hatte ihr Wort einem jungen
Bauer gegeben, aber oft kam es ihr vor,
sie habe ihm zu viel versprochen. Der

stummen Sprache einer melancholischen
Liebe widersteht man weit schwerer,
als den Blumen einer Erklärung. Schon
gieng ihr Blick auf den Baron aus seiner Schelmerey in eine sanfte Bläue
über, die kleine Hand zitterte in der
seinigen, länger verweilte sie am Brun-
nen, wenn sie allein Wasser schöpfte;
öfter hatte sie ihrem Wilhelm etwas
zu verstecken, und wenn es auch nur
ein Blatt gewesen wäre, das sie vom
Busche auf des Barons Huthe abgerissen
hatte. Unentschlossen stritt die Natur
zwischen zwey Leidenschaften, auf einer Seite von bescheidener Aufmerksamkeit und Eitelkeit unterstützt, auf der
anderen von unverdorbener Vernunft
und der Stärke des ersten Eindruckes.

Der nahe Herbst vermehrte und ver-
vielfachte indessen die Arbeiten im Garten, und Klärchens Vater bedurfte bald
noch eines Gehülfen. Wilhelm war

ein starker, behender Junge, und es war gegen ihn nichts vernünftiges einzuwenden. Auch wußten beyde Nebenbuhler wenig von ihren gegenseitigen Absichten, und indem sie friedlich neben ihrer Gebieterin gruben, und ihr in tausend Kleinigkeiten den Tag über unzählige Male stille Liebeserklärungen machten, bemerkte keiner den andern. Wilhelm sah in dem Barone nur seinen gnädigen Herrn, und der Baron in Wilhelmen nichts als seinen unterthänigen Diener. Klärchen war hingegen schlau und etwas verbuhlt.

Eines Tages war sie von Hitze und Arbeit so sehr ermattet, daß sie halbohnmächtig auf das Grafs unter einem Baume sank. Kaum hatte sie noch Zeit etwas Wasser zu fodern. Wilhelm war schnell auf den Beinen, und war schon wieder zurück, als der Baron sie noch immer in den Armen aufrecht erhielt.

Sie erquickte sich unendlich an dem ge-
hohlten Wasser, und als sie Wilhelmen
den Huth wieder zurückgab, konnte sie
sich nicht enthalten es mit einem Blicke
zu thun, der mehr aus dem Herzen als
aus den Augen kam. Vielleicht war
es der erste dieser Art den er erhielt;
denn der arme Junge verlohr darüber
das Gleichgewicht. Vor Liebe und Be-
sorgnifs aufser sich, liefs er sich neben
ihr auf beyden Knieen nieder, und sah
ihr mit gefaltenen Händen starr ins Gesicht, ob sie nicht noch einen solchen
Blick für ihn habe.

Klärchen war nicht kälter, wie sie
ihren Liebling kniend neben sich sah,
ihr Blut war in heftiger Wallung, ihr
erwachender Busen schien eine Erklärung zu fodern. Der Baron sah nun
alles sehr klar, er bemerkte seine Gegenwart drücke sie, sein gerührtes Herz
nahm einen unwillkührlichen Antheil

an der Ueberraschung zweyer verwun-
deten, versprochenen Seelen, ein Augenblick seines wiederkehrenden Edel-
muthes liefs ihn alle Hoffnungen, alle
Wünsche verlassen, er neigte sich mit
thränendem Auge zwischen sie, drückte
sie an einander und sagte, halb wegge-
wandt: „Umarmt Euch, lieben Kin-
„der!" —

Er glaubte ruhig zu seyn, als er wieder allein war; aber die Thränen hatten
erstarrt das Auge verlassen und drückten ihm in der Brust. Es war ihm als
sähe er in eine dürre Wüste, wo die
Sonne brenne, und kein Baum, kein
Strauchwerk den mindesten Schatten
gebe. Das schöne Bild des Maies seiner Liebe: ein Knabe im Arme, am
Munde eines geliebten Mädchens hatte
sich schrecklich verändert. Seine Seele,

die an Bildern hieng, kehrte itzt zu der
dumpfen Trauer des ersten Zeitpunktes
zurück, er suchte im Bache und in den
Schicksalen desselben einen Verwandten,
in der Nacht eine Freundin.

Klärchen war nicht gleichgültig über
die Verzehrung ihres Herrn. Denn sie
nahm nun wahr, dafs er sie liebe, und
sie war niemals unempfindlich für seine
Vorzüge gewesen. Sie irrte itzt, ihren
Irrthum beseufzend, in denselben Gebüschen umher, suchte das Grafs, das er
verlassen hatte, und ruhete mit stiller
Freude an dem nemlichen Bache, unter
dem nemlichen Schatten aus.

Der Familie des Barons konnte sein
Seelenzustand nicht lange unbemerkt
bleiben, man eilte ihm zu Hülfe zu
kommen, und ehe einige Wochen vergingen, sah er sich von einer zahlreichen Gesellschaft umgeben, die alles
aufbot, ihn zu erheitern. Auch Er-

nestine kam mit dem besten Willen alles für ihren Geliebten zu thun; sie vergafs ihr Geschlecht, war nur für sein
Leben besorgt, und ohne es zu wollen,
fand sie sein Herz auf einem Wege,
auf dem sie sich gerade am weitesten
von ihm zu entfernen befürchtete.

Die überhäuften Lustbarkeiten ver-
wirrten den armen Baron. Er war
seit zu langer Zeit der Freund des ein-
samen Schattens, er vertraute diesem
mit zärtlicher Schwärmerey seinen Kummer, und setzte aus der Glückseeligkeit
und Ruhe der Natur sich neue Hoffnungen und Träume zusammen. Wenn er
dem üppigen Kreise seiner Gäste so
manche Stunde stahl, so glaubte Ernestine ihm folgen zu müssen. Oft
fanden sie sich in dem nemlichen Gebüsch. Eine Art des Grames hatte ihre
Seelen verwandter gemacht, und eine
jede erkannte in der des andern mit

Freude nur ihr eigenes Bild. Ihre Ahn-
dungen von einer andern Welt knüpf-
ten allmählich unter ihnen ein leises
Verständnifs für diese an, sonst hatte
man sich ungern getrennt, und bald
suchte man sich.

Einst strich der Baron noch spät des
Abends im Garten umher, und eben
wollte er zur Gesellschaft zurückkehren,
als er in einer nahen Laube etwas
Weifses wahrnahm. Es konnte niemand anders seyn, als Ernestine; es
war ihr Wuchs, die Farbe ihres Gewan-
des, ihr lockigtes Haar, das den Busen
bedeckte. Er gieng auf sie zu, und liefs
sich neben ihr nieder. Der Herbstabend
hatte ihre Brust belebt; niemand sprach,
aber beyde seufzten in beklommener
Sympathie. Sie legte sich hierauf an
die Wand; er fragte sie, ob sie sich
nicht wohl befinde, er hielt sie mit
zitterndem Arme, sie sank halb an ihn

hin, ihre Hand suchte seinen Nacken,
ihre Wange brannte an der seinigen;
eine Art von Bezauberung machte ihn
alles vergessen, er wagte es, und ein
heifser Kufs gab ihren Lippen die Gluth
ihrer Wange zurück.

———

Als sie sich aber etwas zurückzog,
so glaubte er sie beleidigt zu haben,
er sank auf ein Knie vor ihr nieder,
bat sie stammelnd um Vergebung, und
verliefs sie.

Mit welchen Empfindungen! Ein
neues Feuer brannte in seinem Herzen.
Es war die Flamme einer hoffnungsvol-
len, halb schon erhörten Liebe. Alle
seine Sinne klärten sich auf. Er fand
sich räthselhaft, einen solchen Schatz
so lange unbemerkt gelassen zu haben.
Als er zur Gesellschaft zurückkam, bemerkte er, dafs Ernestine etwas erröthe

und sie fragte ihn besorgt, wo er doch so lange bleibe? Er drückte ihre Hand, und fühlte, dafs diese nicht bewegungslos sey.

Am andern Tage gestand er ihr seine Wünsche; man antwortete ihm, er sey geliebt, und bevor zwey Wochen vergiengen, war Ernestine seine Gemahlin.

Als er einst bey guter Laune war, erzählte er ihr seine Geschichte. „Und „endlich der dritte Kufs,“ setzte er hinzu, „der dritte Kufs, den du mir da-„mals in der Laube gabest, Ernestine, „machte mich auf ewig zu Deinem Skla-„ven.“

— „Wenn das die Kette ist, mein „bester Gemahl, welche dich an mich „fesselt,“ antwortete sie ihm lächelnd, „so fürchte ich, bist du freyer als je-„mals. Denn ich schwöre es dir, ich „war es gewifs nicht, die dich küfste.“

V.

Die Liebeserklärung oder der goldene Apfel.

„Sehet, lieben Kinder," sagte der Herr
von G *, als er zu seinen Töchtern ins
Zimmer trat, „das ist der einzige Apfel,
„den mir dies Jahr mein Baum getra-
„gen hat." Er hielt einen grofsen, schönen Apfel lächelnd in der Hand. Er
war von dem Baume, den sein Vater
bey seiner Geburt gepflanzt, und den
er bis itzt immer so sorgfältig gepflegt
hatte, als wäre es ein Zwillingsbruder
gewesen.

Alle

Alle drey Mädchen sprangen ihm schäkernd entgegen und hiengen sich an seinen Hals um den Apfel zu haben. Julie, die älteste, bot ihm ihr schönstes Miniaturgemälde, Charlotte, die zweyte, bot ihm die Weste die sie für ihren Geliebten zu sticken angefangen hatte, und Adelheid, die jüngste ihren schönsten Kuſs. Er hielt aber noch immer den Apfel in die Höhe, und rief, sie böten alle noch nicht genug. Sie sannen und sannen, und keine fand etwas mehr.

Indem traten ihre Liebhaber herein, alle drey begünstigt, und seit vierzehn Tagen mit ihnen versprochen. Lord H** mit der ältesten, der Baron F* mit der mittelsten und der junge Duc von B* mit Adelheid. Man fragte nach der Ursache des Streites, man nahm eifrig Antheil daran, ein jeder sprach für seine Geliebte, ein jeder erhitzte

H

sich wie für seine eigene Sache. Man umringte den alten Ritter und hob ihn auf den Händen mit seinem Apfel in die Höhe.

„Laſst mich nieder, lieben Kinder," rief er, „es fällt mir etwas ein, ich will „euch einen Vorschlag thun. Ich sehe „euch itzt so glücklich beysammen; „laſst mich nun auch sehen, wie ihr es „geworden seyd. Ein jeder von euch „Herren hat seiner Geliebten Herz ge- „wonnen; ihr wiſst meine Absichten, „aber der soll diesen Apfel, und seine „Geliebte vier Wochen früher als die „andern aus meinen Händen erhalten, „der ihr die beste Liebeserklärung thut. „Seyd ihr alle hiermit zufrieden?"

Eine jede sah ihren Geliebten einen Moment hindurch mit zweifelhaftem Auge an, dann klatschten sie alle in die Hände und riefen ein freudiges Ja aus.

Der Herr von ,G* hatte kurz nach
der Geburt seiner Jüngsten seine Gemahlin verlohren, und da er keine
Söhne hatte, so waren seine Töchter
die einzigen Gegenstände seiner Sorgfalt; er verlangte von der Vorsicht
nichts weiter, als sie glücklich zu sehen. Auch waren es die drey Grazien
ihres Zeitalters, so schwer war es unter ihnen zu wählen, und so gleich waren sie sich an Reiz und Verdienst.
Zuletzt hatte der Herr von G* noch das
Glück, drey Männer zu finden, welche
dies alles verdienten, und die dies bey
seinen Töchtern selbst geltend zu machen verstanden. Man hätte sein Schloſs
immer den Sitz der Glückseeligkeit nennen können; wenigstens war es der der
vollkommensten Eintracht und Ruhe,
ein Schauplatz der stillen häuslichen
Tugend, des Geschmacks und der un-
schuldigen Freude. Der alte Ritter war

der Bruder, nicht der Vater seiner Kinder, von ihm kamen alle Plane zu Lustbarkeiten her, die niedlichsten Spiele, so wie die ganze kluge Vertheilung von Fröhlichkeit und ernster Beschäftigung. Auch veränderten die gewählten Liebhaber nichts in dieser Tagesordnung. Kurz es war eine Gesellschaft von sieben Kindern, die mit einander das Leben des goldenen Zeitalters unschuldig verspielten.

Fräulein Julie die älteste war auch die schönste; eine starke, feurige Brunette, von dem Wuchs und dem Ausdruck einer Juno, etwas stolz und herrschsüchtig, aber bey dem mindesten Widerstand furchtsam und nachgiebig bis zur Schwäche. Das schönste kastanienbraune Haar, sich über eine schwanenweiſse Stirn in Locken brechend; ein dunkles Auge, bald gebieterisch glänzend, bald bescheiden hinter einem

Paare langer Augenwimpern versteckt,
die römische Nase und ein Kinn von
grofser Foderung, gaben die Erklärung
zu der stolzen Wallung ihres Busens,
zu dem Edeln ihres Ganges, zu den Bewegungen ihrer Hand. Und doch strafte
ihre Weichheit ihre Gestalt oft Lügen.
War ihr Liebhaber demüthig, so fand
er seine Gebieterin in ihr; that er beleidigt, so war sie die erste, welche
den Frieden aufserordentlich liebte, ihre
ganze vorgebliche Würde vergafs, und
ihm ängstlich nachlief. Sie überwarfen
sich, zehnmal des Tages, und fanden
nach fünf Minuten, sie hätten sich noch
nicht genug gezankt, weil der Sonnenschein um desto süfser schmecke, einem
je stärkeren Ungewitter er nachfolge. In
der That war der Lord bis zur Narrheit
in sie verliebt, und sie vergalt ihm dies
getreulich wieder. Es war das Gemälde
zweyer verzogener Kinder, die noch

H 3

nicht recht wissen, was sie mit aller
ihrer Glückseeligkeit anfangen sollen.

Auch hätte man keinen Mann finden
können, der besser für sie gepafst hätte.
Denn H ** hatte ganz den Karakter seiner Nation; bey ein wenig Wildheit
unendlich viel Gröfse der Seele, Zärtlichkeit für alles um sich her bey aus-
serordentlicher Kälte, Delikatesse bey
stolzen Manieren und bey aller seiner
Verliebtheit viel Eigensinn und Laune,
obgleich sehr unschuldig, doch hinreichend stark, der Laune seines Weibes
mit Festigkeit etwas ähnliches entge-
gensetzen zu können. War er eiskalt
und hatte er Spleen, so gab es kein
zärtlicheres, schmeichlerisches, liebko-
senderes Mädchen in der Welt als Julie, thauete er nun unter ihren Händen
auf und gab er ihr alles mit unendlichem Feuer zurück, sogleich bemäch-
tigte sie sich des Szepters; irgend ein

Ausdruck, eine Wendung beleidigte hierauf den Britten; er wandte sich ein wenig weg und ward stummer; Julie fieng
an sehr viel zu sprechen und ihm sehr
viel zu schmeicheln; hierauf eine ein-
sylbige oder gar keine Antwort; endlich fragte man: ,,was er doch wieder
,,habe, und ob er beleidigt sey?" man
setzte auch wohl hinzu: man habe gar
nicht die Absicht ihn im geringsten zu
kränken, aber er liebe sie nicht und
wolle gar nichts von allem was sie
wünsche; verfieng dies endlich alles noch
nicht, so ward der schöne Arm um seinen Nacken geschlungen, und ein bren-
nender Kufs sagte ihm, dafs man gar so
böse nicht sey, als es schiene, und dafs
er eigentlich in Allem Recht habe. So
gieng es mehrmals des Tages, und niemand war glücklicher.

Charlotte hatte unter den drey Schwestern am wenigsten äufsere Gestalt; da

man aber Sorge getragen hatte, ihr dies
von der frühesten Kindheit an deutlich
zu verstehen zu geben, so war sie darauf gefallen, dasjenige was ihr an den
Vorzügen ihrer Schwestern abgieng,
durch alle Bildung ihrer Seele und ihrer Talente, die sie sich nur würde
geben können, zu ersetzen. Sie hatte
zum wenigsten immer, was man eine
niedliche Figur nennt, und besafs soviel Grazie und Anmuth in ihrem Anstande und in ihren Bewegungen, dafs
man sie gewöhnlich eher als ihre beyden weit schönern Schwestern bemerkte;
ja, es gab sehr viele, die ihre Reize,
denen von diesen weit vorzogen. Auch
hatte die Natur sich gegen alle Beschuldi-
gungen von Ungerechtigkeit im Voraus
durch Anlagen gerechtfertigt, die alles
übertrafen, was man je an einem einzelnen Mädchen gesehen hat. Nicht nur
alle Grazien, sondern auch alle Musen

hatten sie mit ihren besten Geschenken ausgeschmückt. Man nehme dies im wörtlichsten und vollsten Verstande, und doch ist es keine Uebertreibung.

Was dies alles zur vollkommensten Reife gebracht hatte, war das Glück allenthalben Aufmunterung zu finden. Sie war der geheime Liebling ihres Vaters, ob er gleich keinen äußeren Unterschied zwischen seinen Kindern machte; ihre Schwestern, anstatt sie zu beneiden, beteten sie an und thaten alles sie nachzuahmen und von ihr zu lernen; ihr Geschmack war die einzige Richtschnur aller ihrer Bekannten, und endlich fand sie einen Geliebten, der ganz wie dazu geschaffen zu seyn schien, dies nach Verdienst zu schätzen und zu bewundern.

Baron F* war viel und mit Verstand gereiset. Alle seine Kenntnisse, die er als Enthusiast für die schönen Künste

H 5

mitgebracht hatte, wandte er itzt für
Charlotten an. Er war ein Teutscher,
der mit Vergnügen sein eigenes Gefühl
sich bilden sah, so wie er es seiner Geliebten mitgetheilt hatte. Hiermit ver-
band er einen Eifer und eine Ausdauer,
welche dies alles noch schätzbarer machte. Charlottens Hauptzug war eine
grenzenlose, selbst fast zu furchtsame
Bescheidenheit, und ihr Herz dankte
ihm oft im Stillen für Kenntnisse, die
sie ihm schuldig zu seyn glaubte, und
die er doch eigentlich zuerst von ihr
erhalten hatte. Er dachte das nemliche.
Ein jeder lebte nur in dem andern.

Die jüngste endlich, Adelheid, war
ein holdes, harmloses Geschöpf mit einem etwas schwärmerischen Schwunge
der Seele, zu gefühlvoll für diese Erde, zu gespannt für ihre gemischten
Genüsse, unter allen am wenigsten
glücklich, glühend von der heftigsten

Liebe, aber von endlosen Zweifeln be-
ängstigt und ohne Aufhören mit ihren
eigenen Träumen kämpfend. Hätte sie
ihren Geliebten verlohren, und einem
Hange zur klösterlichen Einsamkeit nach-
gegeben, gewiſs sie wäre noch mehr
als Heloise geworden; in einem solchen
Schweben und Schwanken erhielten sich
alle ihre Empfindungen.

Fand sie dann aber auch irgend einen Augenblick, in dem sie sich zur
Freude berechtigt glaubte, so ergoſs sich
ihre ganze Seele in eine schuldlose Rührung, die alles um sich her mit ihrer
rosenfarbenen Zauberey bemahlte und
ansteckte. Welches Ueberströmen, welch
eine Wallung! Sonst sprach sie wenig,
aber dann bekam sie Ausdruck, und
welch einen Ausdruck!

Der Duc von B * war einer der
schönsten Männer seiner Zeit. Seine
Einbildungskraft war so rein als sein

Herz. Einen eben so starken Hang zur Schwärmerey und Schwermuth, als Adelheit besaſs, hatte er durch vielen Weltumgang gemildert, und aus der Beobachtung des Genusses hatte er glücklich die gesundeste Philosophie gezogen. Hier konnte er sie endlich anwenden; auch war darin niemand eifriger. Wenn ihm Adelheid eine Schwärmerey wider Willen abgeschmeichelt hatte, so war er der erste, der ihre Ergüsse in mäſsige Schranken zurückführte, und er lehnte das zerschmelzende, in ihrer Gluth zitternde Mädchen gleichsam von seinem Herzen ab, um ihr seine Empfindungen durch die Entfernung kühler und geläuterter mitzutheilen. Er antwortete ihren Wallungen eben so warm, aber er leitete sie auf Gegenstände hin, welche sie von selbst in die wirkliche Welt wieder zurückgehen hieſsen.

Mehrere Tage vergiengen, ohne daſs
jemand die geringste Anstalt zu einer
Liebeserklärung machte, die ein Recht
hätte haben können, um den Besitz des
Apfels zu werben. Ein jeder war der
Meinung, diefs müsse aus dem Stege-
reife kommen, wo die Stärke oder Ueberraschung des Gefühles dem Ausdruck
Seele und Feinheit gebe.

Einst saſsen sie im Garten zusammen: Lord H** mit Julien, Charlotte,
Adelheit, der Duc und der alte Ritter.
Die Damen arbeiteten, und die Herren
sprachen sehr müssig vom Nutzen der
Arbeit. Endlich fiel es Charlotten ein,
sie könnten ihre Zeit wohl besser zu-
bringen, als die Arme über einander zu
schlagen und alle Bewegungen ihrer
Geliebten zu belauschen. „Sie sollten
„sich,“ setzte sie hinzu, „etwas an ih-
„ren Liebhaber spiegeln, der alle Tau-
„benschläge im Dorfe durchziehe, um

„ihr eine verlohren gegangene Taube
„wieder zu suchen.“

Man besann sich hierauf, was man
thun wolle, und sie schlug vor, wer
auf der Stelle einen netten Vers mache,
und ein nettes artiges Räthsel aufgebe,
solle aus ihren Händen eine Belohnung
erhalten. Man war damit von Herzen
zufrieden und setzte sich hin um zu rei-
men. Der Vater aber trat sogleich aus
der Laufbahn, indem er lächelnd sagte:
„Charlotte habe nichts, das ihm diese
„Mühe hinreichend vergelte.“

Indessen hatten die beyden übrigen
Nebenbuhler ihre Verse in Ordnung gebracht, und fiengen sie zu rezitiren an.
Der Lord war aber nichts weniger als
ein grofser Dichter und kam in diesem
Wettstreit zu kurz. Alle Stimmen kamen dahin überein, dem Herzog den
Sieg zuzusprechen. Aber Charlotte hatte
ihr Spiel überdacht; denn wie es ans

Räthselaufgeben gieng, so fand man das des Duc so wenig tiefsinnig, daſs alles schon im Voraus zu Gunsten des Britten gestimmt war.

Dieser begann also zu sinnen, und gab endlich der Gesellschaft zu verstehen, daſs er zu wissen wünsche, „welche Liebe am treuesten wäre!" Man rieth wundersam; niemand konnte den Sinn entziffern. Zuletzt gab man alle Hoffnung auf, und er ward um die Bedeutung desselben gefragt, aber anstatt es zu entdecken, erklärte er nun, man müsse ihm den Sieg zuerst vorher zugestehen und die versprochene Belohnung auszahlen, ehe er das mindeste wissen lasse. Die Neugierde ward von Augenblick zu Augenblick gespannter, und Charlotte wuſste endlich keinen andern Rath als die Preise zu vertheilen. Sie gab daher dem Lord einen Apfel der neben ihr lag, und ob sie

gleich selbst eine Nelke am Busen
stecken hatte, so bat sie doch ihre
Schwester Adelheid, diejenige, die sie
an der Brust trug, ihrem Liebhaber zu
geben. Während diese ihren Busentuch
losmachte, hatte der Lord den Apfel
in zwey gleiche Hälften zerschnitten,
um die eine davon Julien zu geben,
und setzte sich nun in Bereitschaft, des
Räthsels tiefen Sinn zu enthüllen.

In diesem Momente kam schüchtern
eine Taube geflogen, und liefs sich gerade, vom Schicksal oder von einem
Instinkte geleitet, auf Charlottens Busen nieder. Diese fuhr zuerst etwas zusammen; wie sie aber ihren entflohenen
Liebling wieder erkannte, und sah dafs
das Thier sich so unschuldig hinein-
schmiegte, lächelte sie und rief aus:
„Ersparen Sie sich die Mühe, Mylord!
„Hier ist das Wort ihres Räthsels. Die
„Taube

„Taube, sagt es mir, niemand liebe so
„treu und so zärtlich als sie."

— „Glaube ihr nicht, Charlotte,"
rief jemand, der zu ihren Füfsen stürzte,
und sie mit zitternden Armen umschlang.
Es war der Baron, der ihren Flüchtling
gefangen hatte, und ihn an der Brust
seiner Braut so glücklich wiederfand.
Charlotte liefs einen Augenblick lang
ihre Taube fahren, um ihrem Geliebten die Hand zu reichen. Das Thier
aber, das nichts mehr gewünscht zu haben schien, wühlte sich noch tiefer in
das Busentuch ein, und zerrifs die Nelke, die es zusammenhielt.

„Gewifs hast Du Recht, Charlotte,"
rief Adelheid, „denn sieh nur, wie sie
„den Genufs deiner Blume verachtet, um
„nur deinem Herzen näher zu kommen."
Der Duc nahm bey diesen Worten seine
Nelke aus dem Busen, zerrifs sie, und
warf die Blätter in Adelheids Schoofs.

I

Hierauf setzte er ein Knie nieder, und
sagte: „glauben Sie ihr, Adelheid?"

Während diesem gieng es neben ihnen ganz anders zu. Julie hatte zuerst
die Hälfte des gewonnenen Preises genommen, und es fiel ihr darauf ein, sie
wieder zurückgeben zu wollen. Dies
machte das Blut des Britten kochen, aber
er mäſsigte sich, nahm ihre Hand, küſste sie und sah ihr zweifelhaft ins Auge.
Da sie aber diesmal auf ihren Kopf be-
stand, nahm er ihren und seinen Theil
und warf beyde verächtlich ins Gebüsch.
Hierauf nahete er sich gelassen zu den
übrigen, und sprach: „was sagt ihr da,
„Kinder?"

Indem fieng der Alte an zu schreyen.
„O, ums Himmelswillen, mein schöner
„Apfel! Wo habe ich ihn doch nur ge-
„lassen? Oder hat ihn etwa Jemand von
„Euch aufgegessen?" —

VI.

Zephyr und Adonis.

Miſs Caterby war die reichste Erbin von Groſsbrittannien. Sie hatte sechszehn Jahr, viel Schönheit und noch mehr Verstand. Ueberdem schien sie alle diese Vorzüge wenig zu kennen. Aber was dies alles wieder verdarb, war eine Erziehung, welche man mit aller Mühe kaum verschrobner hätte ersinnen können. Nach dem Tode ihrer Mutter, die schon vor dem Absterben ihres Gemahls sich der Devotion ergeben hatte, fiel sie einer Tante in die Hände, der nichts über Hume, Boling-

I 2

broke und Shaftsbury gieng. Die Bi-
bel und das Psalmbuch machte diesen
Herren Platz, und die Mifs hatte kaum
funfzehn Jahre erreicht, als sie sich mit
einer Abstraktion und Unbegreiflichkeit
ausdrückte, die alle Welt in ein bewun-
derungsvolles Erstaunen setzte.

Es ist kein Land, wo man über eine
philosophische Dame so wenig er-
schrickt als Brittannien. Auch gieng
es ihr wie allen Philosophen, dafs sie
oft kein Wort von dem selbst glauben,
was sie aller Welt weifs machen wollen. Und aufserdem mufste man es Luzien lassen, dafs die Weisheit ihrem
kleinen Rosenmunde nicht übel stehe.
Es war nichts weiter an ihr für die Gesellschaft lastig, als ihre aufserordentlich tiefe Menschenkenntnifs; sie schlofs
sehr genau auf den Karakter von der
Art, wie man einen Apfel zerschnitt,
oder eine Orange verzehrte, und die

Weise den Degen zu tragen und den
Huth aufzusetzen, war ihr keinesweges
unbedeutend. Man denke sich daher die
Lage ihrer armen Liebhaber, die bald
weder Hand noch Fufs mehr zu rühren
wagten, um nicht irgend etwas von ihrer Seele blicken zu lassen, was sie
gern versteckt halten wollten. Denn es
waren wenige unter ihnen, welche nicht
sehr lebhaft die Gefahr bemerkt hätten,
alle Tage ihren Abschied zu bekommen,
wenn die Mifs dahintergekommen wäre, welchen Theil ihrer Reize sie des
Besitzes am würdigsten fanden. Indefs
gab es auch einige unter ihnen, an deren Neigung das Herz einen wirklichen
Antheil hatte.

Lord Floor war unter den Geliebten
der erste. Aber er hatte das grofse Talent, noch weit verliebter auszusehen,
als er wirklich war. Niemals hat die
Welt zärtlichere kleine Mienen und ar-

tige Grimassen je in ihrer Vollständig-
keit beysammen gesehen. Er hatte den
Dialekt der Turteltauben studirt, und
bereicherte seine Muttersprache täglich
mit neuen Ausdrücken und Wendungen
aus allen Thierreichen. Alles an ihm
war zerschmolzen, verzehrt und ver-
brannt, ohne selbst schmelzend und
verzehrend zu seyn. Seine Ideen befan-
den sich gleichsam in einem beständi-
gen Schweben, traten zum wenigsten
äufserst leise auf, und schlüpften über
die Gegenstände nur mit einer unbe-
greiflichen Feinheit hin.

Um dem Geschmacke seiner Gebieterin den Hof zu machen, hatte er sich
mit dem gröfsten Eifer in die Philosophie geworfen; das einzige aber was
er hierin gelernt hatte, war alle ihre
Gedanken vortreflich zu finden, und alles ohne Unterschied zu wiederhohlen,
was nur aus ihrem Munde hervorgieng.

Dies brachte ihn seinem Zwecke in der
That näher, als das anhaltendste und
tiefste Studiren gethan haben würde;
denn die Mifs, welcher mehr daran gelegen war, alle Welt zu bekehren, als
sich durch neue Gründe in ihrer Ueberzeugung eswas verderben zu lassen, fieng
in kurzer Zeit an, ihn zum Jammer der
Uebrigen mit Unterscheidung zu behandeln. Während dafs sie mit ihm
einsam in den Gebüschen umherirrte,
um über Tugend und Laster nach Bequemlichkeit schwatzen zu können, hätte Floor zehnmal des Tages Gelegenheit
gehabt, alle ihre schönen Grundsätze
zu Schanden zu machen, wenn er mehr
als ein Geck gewesen wäre.

Ein ganz anderer Mann war der
Graf Moore, einer der klügsten, aufge-
klärtesten Köpfe seines Zeitalters, aber
darum gerade Floors am wenigsten gefährlicher Nebenbuler; überdem jung,

schön, von viel und von recht gesun-
dem Blute, eifriger Anhänger des Le-
bensgenusses und eben so warmer Ver-
theidiger seiner Moral, als Miſs Caterby, nebst ihrem Klienten. Das heiſst,
er stritt nicht mit ihr um ihre Begriffe,
sondern er nahm bey ihren Vorlesun-
gen nur etwa eine Guitarre in die Hand,
griff einige Akkorde und brummte ein
Liedchen, indem er dazu ins blaue Wei-
te sah, oder er spielte mit den Locken
eines ihrer Schoſshunde, zählte die Haa-
re, und trieb endlich die Unverschämt-
heit gar so weit, wenn die Rede recht
vollkommen schön war, zu gähnen, und
sanft einzuschlummern. Wenn er wieder aufwachte, so gab er ihr endlich
in Allem Recht, nahm seinen Hath und
schlich leise zum Zimmer hinaus. Was
dabey das lustigste war, so bildete er
sich würklich dessen ungeachtet noch ein,

mit Geduld und Zeit Herr über der
Mifs Grillen zu werden.

Luzie hatte in der That Verstand genug, die Langweiligkeit ihres Herrn
Lord Floors oft sehr deutlich einzuse-
hen; denn zu ihren Bekehrungen gehörte nothwendig, dafs man wahrnahm,
es sey noch eine Person zugegen. Indem sie wenig mit der Welt zufrieden
war, kam sie leise darauf, es könne der
Welt in Rücksicht ihrer Wahl eben so
gehen, und der Graf könne wohl Recht
haben, sich beym Geräusch eines Was-
serfalles zuweilen von einem süfsen
Schlaf überraschen zu lassen. Auch
konnte sie sich einiges Gefühles für
männliche Gröfse nicht erwehren, und
oft fiel es ihr sehr beschwerlich, sich
den nachgiebigen und geschmeidigen
Floor in der Gestalt ihres Gemahls zu
denken. Zwar setzte sich Moore weit
nachläfsiger und bequemer auf ein So-

I 5

pha hin, und trug den Huth weit schie-
fer, aber sie dachte daran: weibliche
Sanftmuth habe oft Löwen gezähmt.

So schwankte ihr kleines Herzchen
unbestimmt hin und her, bis sie endlich unvermuthet auf eine Spur gerieth,
die allen diesen Zweifeln auf einmal
ein Ende machen konnte. „Ich weiſs
„noch nicht, welcher von beyden mich am
„meiſsten liebt," dachte sie, „und doch
„ist nichts leichter als eine entscheiden-
„de Prüfung."

Ich habe anzumerken vergessen, wie
ich oft fand, daſs alle gelehrte und philosophische Damen groſse Liebhaberin-
nen von Hunden sind. Und dies ward
auch in der That von Lucien bestätigt.
Sie hatte wenigstens immer ein halbes
Dutzend um und neben sich, hatte keine geringe Meynung von ihren Instink-
ten, und lieſs sich nicht selten von ihrer Weise, einen oder den andern

Liebhaber aufzunehmen, in ihren Ur-
theilen leiten. Zephyr und Adonis waren zur Zeit die beyden Favoriten. Jener ein Löwenhündchen, mit einer al-
lerliebsten Stumpfnase, einer vielver-
sprechenden Physionomie, und dem sei-
densten Haar von der Welt; dies eine
kleine Gattung von Bullenbeisser, etwas wild und ungezogen, übrigens
schlank von Wuchs, trotzig, voll Muth
und Talent. Kurz, es war als hatten die
beyden Liebhaber ihr Bildnifs in ihnen
ihrer Gebieterin geschenkt, um ihr Interesse bey ihr zu versehen. Zephyr
war geschmeidig, leckte die Hände, und
hatte zu nichts auf Erden etwas zu sagen; Adonis hingegen fuhr wohl selbst
seine Dame etwas an und beküm-
merte sich wenig um das, was jenseits
seines Küssens vorgieng, aber dafür war
er geschwind auf den Beinen, wenn
Luzien jemand Fremdes zu nahe kam.

In Wahrheit fand es sich auch, daſs
diese den Grafen heute gelinder behandelte, wenn Adonis in Gnaden stand,
und daſs er morgen den Abschied erhielt, wenn sich Zephyr wieder bey
ihr in Gunst gesetzt hatte.

Diese beyden Hunde hatte sie auser-
sehen, um ihre Liebhaber auf die Pro-
be zu stellen. Ihre im nördlichen England gelegenen Güter verlangten endlich einmal einen persönlichen Besuch;
sie forderte daher ihre Anbeter zusammen, und erklärte ihnen, daſs sie diesmal ohne ihre Begleitung auf einige
Wochen verreisen werde, und daſs sie den
Entschluſs gefaſst habe, nach der Zurückkunft ihren Gemahl zu wählen. Um
aber die Zuneigung ihrer beyden Haupt-
liebhaber zu prüfen, lasse sie ihnen ihre zwey Lieblingshunde zurück, und
werde nach der Art, wie man diese
begegnen werde, auch ihr Betragen ge-

gen sie abmessen. Hierbey übergab sie mit eignen Handen einem jeden seinen Hund, machte eine Verbeugung, und hüpfte lachend in den Wagen.

Moore hielt den seinigen so lange im Arme, bis der Wagen um die Park-ecke gebogen hatte; wie er ihm hier-auf aber etwas zu schwer wurde, setzte er ihn gelassen an die Erde und stiefs ihn etwas unsanft auf die Seite. "Der „Henker verstehe die Weiber," rief er aus, „da hat mich nun meine Thor-„heit zum Hundewärter gemacht." In-defs besann er sich, liefs seinen Kam-merdiener rufen, und befahl ihm bey seiner Ungnade, diesen grofsen, unge-zogenen Hund allerhand Künste zu leh-ren, z. B. über den Stock zu springen, aufwarten, ins Wasser gehen, und der-gleichen mehr; ihn auch alle Tage auf die Jagd mitzunehmen, und ans Schiefs-gewehr zu gewöhnen, ihn übrigens kei-

nen Hunger leiden zu lassen. Der Kam-
merdiener, welcher sich wenig auf den
Werth der Hunde verstand, fand diesen
Auftrag ganz unter seiner Würde, und
war so vermessen, ihn mehr für das
Geschäft eines Stalljungen, als eines
Kammerdieners zu halten. Er rief daher Petern von seinen Pferden ab, über-
lieferte ihm den Hund mit dem Versprechen einer grofsen Belohnung, und Adonis trat noch heute seine Uebungen im
Stall an. Moore setzte sich indessen
ganz ruhig zu Pferde, gieng seinen gewöhnlichen Beschäftigungen nach, afs,
trank und schlief vortreflich, dachte gar
nicht mehr an den ihm anvertrauten
Schatz, und nur ein oder zweymal täglich an Lucien.

Lord Floor hingegen hatte Zephyrn
kaum in den Händen, als er auch mit
grofsen Küssen über ihn herfiel. Es
schien als wollte er ihn aufessen, um

ihn nur desto sicherer in Verwahrung
zu bringen; man mufste das schönste
und weichste Küssen suchen, er
trug ihn selbst in den Wagen, und rück-
te ihn unterweges unaufhörlich zu rechte, um das arme Thierchen ja keinen
Schaden nehmen zu lassen. Bey der Ankunft zu Hause war sein erstes Geschäft,
ihm ein vortreflich rosenrothes Halsband
umzulegen, ein junges Huhn für ihn
an den Spiefs stecken zu lassen, sein
seidnes Haar mit eignen Händen zu
kämmen und in Ordnung zu bringen,
und sein Schlafbette durch und durch
mit wohlriechenden Essenzen zu parfu-
miren. Zephyr liefs sich diefs alles sehr
wohl gefallen. Den ganzen Tag über
streckte er sich neben seinem neuen Herrn
aus, dachte wenig an seine Gebieterin,
leckte jenem Hand und Mund, und ward
dick und fett; während dafs Adonis
indessen die herrlichsten Sprünge lern-

te, in den ersten acht Tagen schon seinen Haasen gefangen hatte, auf den ersten Wink apportirte, aber auch taglich
dürrer, magerer, struppigter wurde,
und unter den Hofhunden alle feine Manieren der grofsen Welt völlig verlohr.

Nach vier Wochen kam Lucie wieder zurück, und im Augenblick, dafs
sie aus dem Wagen stieg, sprang auch
ein grofses Thier auf sie zu, um ihr einige Karessen zu machen. Diefs war
Adonis, der mit seinem neuen Herrn
eben von der Jagd zurückkam, ihn aber
auf der Stelle verliefs, so bald er seine
alte Gebieterin wieder erblickte. Er
hatte heute einen Fuchs im dicksten Gebüsche verfolgt, war drey- oder vier-
mal im Wasser gewesen, und Peter, über
den guten Erfolg seiner Bemühungen
höchlich erfreuet, zahlte schon in Gedanken die Guineen, welche ihm ohne
Zweifel diese gute Zucht einbringen
wür-

würde. Wie Adonis daher mit so gros-
fer Eile dem Wagen zusprang, bildete
sich dieser im ersten Schrecke ein, er
wolle ihm davonlaufen, und rannte so
schnell hinter ihm her, dafs er gerade
ankam, wie Adonis seine Dame zärtlich
umarmte. Luzie wehrte ihn mit grofsem Geschrey und aus allen Kräften ab,
aber diefs alles half nichts mehr, ein
neues Reisekleid war zerrissen, und sie
stieg weinend in ihr Ankleidezimmer
hinauf.

„Welch schöner Streich," sagte sie
zu sich selbst, „so unwürdig behan-
„delt Moore ein von mir ihm anver-
„trautes Gut. Ich möchte nur wissen,
„ob er noch den Muth haben wird, sich
„mit seinem Hunde vor mir fehen zu las-
„sen; denn er war sich gar nicht mehr
„ähnlich, so verwildert, so verhungert,
„so übelriechend. Ich wette, Floor hat
„Zephyrn ganz anders begegnet." —

K

Sie hatte sich kaum umgekleidet, als auch die Thüre aufgieng, und sich auf einmal das Zimmer mit Wohlgerüchen erfüllte. Diefs war Zephyr, im Triumph auf einem blau seidnen Küssen mit goldnen Quasten getragen, und mit einem Halsbande vom schönsten Rosenroth geschmückt. Der Lord trug ihn selbst, und legte ihn mit dehmüthigen Verbeugungen zu den Füfsen seiner Gebieterin nieder; rühmte seine verstärkte Taille, sein wohlgekämmtes Haar, verneigte und entfernte sich bescheiden, denselben ihren Liebkosungen zu überlassen. Zephyrn war aber daran gelegen, seinem Nahmen alle mögliche Ehre zu machen; er erinnerte sich gar wohl noch aller der kleinen Püffe, die er zu Zeiten aus den Händen der Dame davongetragen, und den schönen Leckerbifsgen, die er vom Lord erhalten hatte; kaum hatte sich daher Floor etwas entfernt, als er auch wider alle Gewohnheit seiner Gebieterin ganz leise nach den Finger fuhr, vom Schoofse herabsprang, und seinem letzten Herrn nachlief. Luzie, anstatt über seine Undankbarkeit sich zu ärgern, fand im Gegentheil diefs Betragen sehr artig, hatte aber unendliche Mühe, den kleinen Flüchtling wieder an sich zu gewöhnen.

Graf Moore war unterdessen auch von der Ankunft der Mifs benachrichtigt; izt fiel ihm auf einmal der vergefsne Hund wieder schwer auf das Herz, er forderte den Kammerdiener vor, um sich nach ihm zu erkundigen; dieser liefs Adonis erst gehörig abwaschen, und präsentirte ihn hierauf dem Grafen nebst seinem Lehrmeister. Peter, in Hofnung eines grofsen Trankgeldes, fieng nach vielen Lobeserhebungen seiner Geschicklichkeit an, ihn seine Künste machen zu lassen, und der Graf gerieth über die schnellen

Fortschritte des Hundes so sehr in Erstaunen, dafs er dem Jungen einige Guineen selbst in die Hand drückte, und ganz
zufrieden über sein Werk, sich und seinen Zögling bey seiner Gebieterin an-
melden liefs.

So bald sie hineingetreten waren,
hatte auch Adonis nichts angelegentli-
cheres, als Luzien seine vorher un-
terbrochenen Freudensbezeugungen zu
wiederhohlen. Da er aber seinen Nebenbuhler auf ihrem Schoosfe wahrnahm,
bifs er ihn ohne alle Umstände in den
Schwanz. Luzie, anstatt dafs ihr diese
Treue und Eifersucht hätte gefallen sollen, streckte die schöne Hand aus, und
versetzte ihm mit aller möglichen Grazie einen recht derben Fächerschlag.
Hierauf gieng Adonis, über diese Begeg-
nung ganz erstaunt, zum Grafen zurück,
um ihn gleichsam zu Hülfe zu rufen;
dieser trat auch wirklich hervor und

liefs ihn seine schönsten Künste machen.
Diefs alles verhinderte aber nicht, dafs
jener nicht auf der Stelle seinen Abschied bekam, und Adonis bis auf weite-
rem Befehl ins nächste Zimmer verwie-
sen wurde.

Moore hörte diefs Todesurtheil so ruhig als Adonis an. Schon der erste Auftrag mit dem Hunde hatte ihm vom Verstande seiner Gebieterin keinen grofsen
Begriff gemacht, er nahm itzt seinen
Huth, verbeugte sich und stieg so gelassen in den Wagen als er gekommen
war. Nichts dauerte ihn nur mehr, als
dafs er nicht den Hund mitgenommen
hatte, der ihm izt weit artiger vorkam als
Mifs Luzie. Bey seiner Zurückkunft
zu Hause, schrieb er sogleich an seinen
Vater: nichts halte ihn itzt mehr ab,
eine Verbindung einzugehen, die er
schon lange gewünscht habe. Dies war
mit einer jungen Lady in der Nachbar-

schaft, von weniger Gelehrsamkeit und Menschenkenntniß als Luzie, aber von mehr praktischem Menschenverstande. Diese Verbindung ward zur Zufriedenheit beyder Partheyen vollzogen, seine Gemahlin machte ihn thätiger und regsamer; indem sie an allen seinen Vergnügungen Theil nahm, und mit ihm nach seinen Grillen jagte, läuterte sie nach und nach seinen Geschmack, machte ihn noch feinerer Freuden empfänglich, und war er vorher schon lange der aufgeklärteste Mann seiner Provinz gewesen, so ward er nach zwey Jahren der artigste, gesittetste, und geschmackvollste.

Luzie konnte sich indeß an ihren Zephyr nicht satt sehen. Womit hätte sie itzt die langen Dienste des Lords hinreichend vergelten können, als mit ihrer Hand. Und gerade in dem Zeitpunkte, als Graf Moore sich vermählte, rief auch Lord Floor aus, daſs er nun endlich der glücklichste aller Menschen und Götter sey.

Luzie hatte sich eingebildet, es durch ihn ebenfalls zu werden. Doch der Lord hatte am Altare den gröſsten Theil seiner chemaligen Rolle vergessen; nicht daſs er nicht noch eben so abgeschmackt, tändelnd und kindisch gewesen wäre, als damals; er war nur nicht mehr so ganz das geschmeidige und biegsame Löwenhündchen, und er fieng an den Huth täglich öfter und länger aufzusetzen. Anstatt daſs er sonst der Gönner des ganzen Hundegeschlechtes gewesen war, so war er itzt ihr geschworener Todtfeind. Er kam niemals ins Haus, ohne einen oder den andern die Treppe hinunter zu werfen, oder ins Wasser tragen zu lassen, er that ihnen allen möglichen Possen an, und lieſs keine Gelegenheit vorbey, über den Geschmack sei-

K 4

ner Gemahlin sich bitter lustig zu machen. Dabey kam auch ihre übermäfsige Gelehrsamkeit an die Reihe; er prüf-
te ihre Philosophie auf allen Wegen,
ward gegen sie in allem nachläfsig, liefs
sie allein ihre Grundsätze verdauen, hörte gar nicht mehr darauf, und antwortete endlich mit nichts als Pah! und
Pfuh!

Luzie kam über diefs Betragen beynahe von Sinnen, und es vergiengen
keine zwey Monate, so war der Krieg
öffentlich von beyden Seiten erklärt.
Zuerst schafte sie alle Hunde an, die sie
nur auftreiben konnte, und nahm sie gegen die Gewaltthätigkeiten ihres Gemahls
auf alle Weise in Schutz. Dann machte sie
sich von ihren zurückgebliebenen Anbetern
einen Hof um sich her, und beschlofs
sich auch hiermit an die Grausamkeiten
ihres Gemahles zu rächen. Das ganze
Hauswesen verwirrte sich, Lord Floor

ließ sich fast gar nicht mehr sehen, ein
jeder hatte seine eigenen Zirkel, das Vermögen schmolz ein, und Luzie würde
ihre Grillen noch mit ihrem Ruine bezahlt haben, hätte sie nicht der Tod
Floors von ihren Uebeln erlöst. Ein Sturz
vom Pferde machte diesem allen ein Ende, und sie nahm sich vor, in der Zukunft gewiß sich nicht noch einmal be-
trügen zu lassen.

Sie fieng damit an, ihren sämmtlichen Hunden, den Adonis und Zephyr
allein ausgenommen, noch vor Ablauf
der Trauer den Abschied zu geben, und
als eine vollkommene Philosophin machte sie den richtigen Schluß, ihr Irrthum
habe vielleicht nicht so sehr in der An-
wendung des Mittels, als in der falschen
Folgerung gelegen, die sie daraus zu
ziehen gewagt habe. „Ich vergriff mich
„nur im Loose," sagte sie, „und die
„Eitelkeit, welche sich in ihrem arm-

„seeligen Stellvertreter beleidiget fand,
„machte mich meinen wahren Vortheil
„mifskennen. Sahst Du denn nicht,
„Luzie, „schlofs sie bitter," dafs ein
„Mensch, der das Nützliche über
„dem Schönen vergafs, der nichts konn-
„te, als mir durch solche Kleinigkeiten
„seine Liebe zu verstehen geben, nicht für
„deinen Geist war, seit langen Jahren
„schon an eine höhere Sphäre gewöhnt.
„Du kennst die Menschen vielleicht,
„aber du kennst dich noch nicht und ihr
„Verhältnifs mit ihnen."

Eine so reiche, so artige junge Witt_
we als Lucie war, bleibt nicht lange
verlassen. Eine Menge von jungen Herren hätte gern ihre Hand gehabt, indem
sie Miene machten, sich nur um ihr
Herz zu bewerben. Aber, wie man gesehen hat, Luzie machte in allem Ernste Anstalten, sich nicht noch einmal
und vielleicht noch viel schlimmer zu

versehen. Sie beschlofs noch eine Zeitlang Wittwe zu bleiben, und dann mit
reifer Prüfung ihr altes Mittel wieder
in Ausübung zu bringen; denn, da sie
wufste, es sey nichts davon bekannt
geworden, so konnte es diesmal ihrer
Meinung nach, seine Wirkung unmöglich verfehlen.

Drey Nebenbuhler waren itzt ihrem
Herzen am nächsten, und in der That
konnte sie sich auch für keinen einzigen entscheidend bestimmen, so sehr
schienen ihre Verdienste von gleichem
Umfange und Werthe, ob man sich gleich
im Grunde nichts Mannichfaltigeres denken kann, als die Karaktere dieser drey
Herren.

Baronet Fenton, der eine, hatte eine
wahre Adonisfigur, war schlank, blond,
mit weifsen Händen und kleinen Füfsen.
Diese Gattung von Menschen schlägt im
Ganzen sonst gewöhnlich ins Stutzerge-

schlecht ein, aber ich weiſs nicht, wo-her es gekommen war, dies Talent hat-te ihm die Natur vollkommen versagt. Man glaube darum nicht, daſs er nicht gewuſst habe, er sey viel schöner als die ganze übrige Schöpfung, denn er hätte blind seyn müssen, um dies nicht zehnmal des Tages in allen Spiegeln zu sehen, die er nur antraf. Aber er fand, es kleide ihn ein Reitfrack weit besser als eine Stutzerjacke, er nehme sich besser zu Pferde aus, als kniend vor ei-ner Dame und habe nirgends mehr An-stand, als mit Stiefeln und Sporen zu Newmarket. Hieraus folgte natürlich, daſs er ein Todtfeind von allem war, was ihn nicht kleidete, und daſs er al-les verachtete, was ihm übel stand, oder was er nicht hatte. Es gab kein siche-reres Mittel ihn sogleich zum Zimmer hinauszujagen, als wenn man nur ein Riechfläschgen hervorzog, von einer

Mode oder gar von einem neuen Werke der Litteratur zu sprechen anfieng. Dafür urtheilte er mit der vollkommensten Kenntnifs über Pferde und Hunde, und war Adonis vertrauter Freund.

Was sein inneres Verdienst angieng, so hatte er wirklich nicht wenig; eine ausgezeichnete Wahrheitsliebe, Grofsmuth, Aufrichtigkeit, kurz einen edlen Sinn für alles Gute und Grofse. Konnte man über sich selbst genug Herr werden, Eine halbe Stunde lang ruhig seine Jagdgeschichten anzuhören, so ergofs sich in der andern sein unverdorbenes Herz in den rührendsten Regungen. Er war der wärmste Freund, der ergebenste Liebhaber, der Vater aller Nothleidenden. Leicht konnte man seine Sitten über sein Herz vergessen, aber er befand sich zum Unglück in einem Kreise, der weit geneigter ist, wegen der Sitten das Herz zu übersehen.

Squire Mainwell war der andere von
Luziens Anbetern; ein verunglückter
Reisender, der nicht nur alle Winkel
Europens, sondern auch mehrere Theile von Asien und Afrika durchkrochen
hatte, um alle nur aufzufindende Merk-
würdigkeiten zusammenzuraffen. Sein
Haus war ein Raritätenkasten, und der
Kopf glich dem Hause, nicht ohne wahren Reichthum, nur alles unordentlich
auf einen Haufen über einander geworfen. Er war Kenner jedes Kunstwer-
kes, Dilettant in allen Wissenschaften,
Schwätzer über den Schatz der ganzen
menschlichen Weisheit. Unterhaltend
war er, denn wo er nichts wußte, da
ersann und erfand er. Die ganze weibliche Welt betete ihn an, denn es kostete ihm wenig, sobald man nur seiner
Eitelkeit zu schmeicheln verstand, aus
allen Welttheilen die herrlichsten Kost-
barkeiten zu verschenken.

Aufserdem besafs er ein unermefsliches Vermögen, Geschmack in der Kleidung, im Ameublement, und selbst im Vergnügen. Sonst sind solche Leute aus allen Theilen der Erde, die sie besucht haben, zusammengesetzt; aber Mainwell war ganz Britte geblieben, verschwenderisch, stolz und das Ausländische nur in so fern schätzend, als es für ihn Werth haben konnte. In seinem Ton lag etwas kaltes und schneidendes, aufser den Damen gegenüber, welche diesen Vorzug auch zu erkennen wufsten. Er besafs die schönste Sammlung von ausgestopften Thieren, und machte Zephyrn fleifsig den Hof, in der süfsen Hofnung, eines Tages durch seinen Balg sein Kabinet vermehren zu können. Ja, es gab gewisse boshafte Leute, die behaupten wollten, er habe bey Luzien die nemliche Absicht.

Lord Osmond, der dritte, war ein
schlanker, süfser Junge, voll lauter Em-
pfindsamkeit, geliebt von seinen Freunden, angebetet von seinen Maitressen, die
Sanftheit und Schuldlosigkeit selbst.
Er besafs ein Herz, geschaffen um zu beglücken, ein Herz, das die ganze Welt
umspannte; und, ohne Gefühl für seine eigene Glückseeligkeit kannte er fast
keine andere Leiden mehr, als die seiner Freunde. Dies war die Grundlage
seines Karakters. Doch einige traurige
Erfahrungen hatten Züge hineingebracht,
welche den ersten Eindruck von jenen
unendlich schwächten.

Zuerst war er viel gereist, und da
er eine Anlage zu einer melancholischen Schwärmerey in seiner Seele
hatte, so schien er blofs deswegen um-
hergezogen zu seyn, um alle Beyspiele
des menschlichen Elendes zu sammeln.
Er hatte die Laster der Menschen bald

aus-

ausfindig gemacht, ohne ihre schätzbar-
sten Tugenden aufsuchen zu wollen, die-
jenigen welche in dem stillen Schoofs
der Unbemerktheit wirken. Auch
nicht ein Uebel war ihm entwischt, und
vom Schicksale mit Unglück noch ziem-
lich verschont, hatte er die Sache der
Menschheit zu seiner eigenen gemacht.
Ohne daher an sich selbst im geringsten
zu denken, war er der Rathgeber, der
Bruder aller Unglücklichen; er verlohr, ohne es zu wissen, ohne es zu
wollen, allen Vortheil für sich selbst,
um den von andern befördern zu helfen, und er war vielleicht der erste
Mensch auf Erden, von dem man mit
Wahrheit hätte sagen können, dafs er zu
wenig Egoist sey.

Wenig taugte er für die Gesellschaft,
denn er war ein Träumer der ersten Grös-
se, er fragte niemals, er antwortete nicht
oder zerstreut, den Damen wartete er

L

selten auf, und ungeachtet er gern aller
Welt hätte helfen mögen, so hatte er
doch gewisse Antipathien unter den
Herren, die alle Art von Konversation
unter ihnen fast gänzlich verdarben.
Auch hatte er noch den Fehler einer
Laune, welche man nicht eigentlich böse oder verdriefslich nennen konnte, die
ihn aber doch nach und nach gänzlich
aufzehrte.

Man kann sich die Verlegenheit vorstellen, in der Luzie sich mit ihren Liebhabern befand. Alle drey waren in Rücksicht des Standes und des Vermögens
vortrefliche Parthien, und sie war zu
sehr Philosophin, um nicht hierauf als
Wittwe und noch mehr als schon einmal betrogenes Weib eine kleine Rücksicht zu nehmen. Alle drey schienen ihr
im Besitz von einem vollkommen hinreichenden Verstand, von Weltkenntnifs
und Sitten zu seyn, und alle drey sag-

ten oder gaben ihr zu verstehen, daſs
sie die Gebieterin ihrer Herzen sey. Osmond, der weniger als die andern
sprach, schien eben darum mehr zu denken, nur äuſserte er eine entschiedene
Gleichgültigkeit gegen alles was ihr zu-
gehörte, daſs es oft bis zur Beleidigung
gieng, während daſs Fenton und Mainwell sorgfaltig die Blümchen auflasen,
welche an ihrem Busen verwelkt waren, und der erste über Adonis Hurtigkeit und Künste, der letzte über Zephyrs weiches Seidenhaar, ohne Aufhören in Lobeserhebungen ausbrachen.
Hätte sie drey Hunde statt zweyer gehabt, vielleicht hätte sie noch einen Ver-
such gewagt, sich von ihnen in der
Wahl ihres Gatten leiten zu lassen.

Man gieng fleiſsig spazieren, denn
wie hätte man die Stunden zwischen der
Mittagstafel und dem Spieltische anders
ausfüllen können. Durch den Park floſs

ein kleiner Bach, der zwischen einem
dunkeln Gebüsch einen artigen Badeplatz
bildete. Einige Brücken unterhielten
die Gemeinschaft zwischen den Gängen,
und gewährten eine reizende Mannich-
faltigkeit in der Verzierung, durch eine
abwechselnde und geschmackvolle Bau-
art. Vorzüglich eine derselben war Luziens Hauptsitz, wenn sie auf der Hälfte ihres Spazierganges ermüdet war;
ihre Liebhaber setzten sich nebst ihren
Hunden zutraulich auf das Geländer neben ihr hin, und schwatzten von der
Klarheit des Stromes unter ihnen oder
der Klarheit des Himmels über ihnen;
dies gab vortrefliche Anwendungen auf
den sanften Fluſs des menschlichen Lebens, auf Schicksale, Wandelbarkeit
derselben und Glückseeligkeit. Oft schien
es ihnen, als sey die Körperwelt um
ihnen her nichts als ein materieller Ab-
druck des geheimen geistigen Laufes der
Begebenheiten.

Und gerade in einer solchen meta-
physischen Betrachtung entstand eines
Tages eine sehr unangenehme Unterbre-
chung. Lord Osmond, der immer so
langsam hinter der Gesellschaft her-
schlich, als gehörte er gar nicht zu ihr,
kam etwas später an, als die übrigen.
Er sah sie sitzen, und wollte mechanisch neben ihnen Platz nehmen, bemerkte aber nicht wo er sich hinsetzte.
Denn Zephyr und Adonis lagen auf dem
Geländer, und schienen mit großer Aufmerksamkeit dem allgemeinen Gesprä-
che zuzuhören, nahmen darüber den
Lord Osmond nicht wahr, und wurden
in einem Augenblicke alle beyde von
ihm herabgestoßen. Der Fall und das
Geräusch des Wassers machten die Gesellschaft aufmerksam.

Ein großes Geschrey erfolgt. Beyde Hunde sind verschwunden. Endlich
kommen sie auf der andern Seite wieder

zum Vorschein, mit den Wellen kämpfend und in Todesgefahr. Der Baronet besieht seine Stiefeln und Reithosen,
und fängt an laut um Hülfe zu schreyen;
der Squire aber hat nichts zu verlieh-
ren als ein schönes Hundefell, er springt
mit geraden Füßen herunter und rettet
Zephyrn, indeſs Adonis ohne Hülfe
das Ufer erreicht. Die ganze Gesellschaft ist in Aufruhr. Nur Osmond
steht ruhig dabey und lacht, vielleicht
heute das erste Mal.

Wer kennt nicht die Wuth eines
Weibes, deren Liebling man schmerzlich
beleidigt hat. Einige feurige Blicke
benachrichtigen den Lord von ihrer Ungnade; der arme Junge in seiner Unschuld steht wie vom Donner gerührt,
alle Sinne vergehen ihm, er erkennt
seinen Fehler, er möchte sie gern wieder versöhnen; aber er hat keine Spra-

che und verliehrt sich im nächsten Gebüsch.

Nun ist nicht mehr die Frage, welchen unter den dreyen Liebhabern sie
vorzieht, sie hat ihrer nur zwey. Sie
haſst den Lord von ganzer Seele und
wünscht ihn ebenfalls im Wasser zu sehen, um ihn — nicht herauszuziehen.
Ihr kleines Herz ist so voll von Galle,
daſs man schwören möchte, sie habe
ihn vorher, ohne es zu wissen, mit
höchster Gluth geliebt. Izt ist der Squire
ihr Held, und sie beschlieſst sein Glück.

Die ganze Versammlung ist noch über
diesen schrecklichen Vorfall verwirrt,
ein jeder zieht sich zurück und Luzie
geht zum alten Spaziergang zurück, um
sich ebenfalls abzukühlen.

Ein bloſser Zufall ist es, daſs sie,
nachdem sie das ganze Bosket gedan-
kenloſs durchstrichen hat, auch zuletzt
über den Rasenplatz gehet, wo der

L 4

Lord Osmond unter einem Baume aus-
gestreckt liegt. Es regt sich etwas in
ihrem Herzen, das mehr als Neugierde
ist, und das ihr stille zu stehn gebietet.
Indem läuft Adonis vorüber. Osmond
wird seiner gewahr und lockt ihn an
sich. Wie er ihn neben sich hat, ergreift er ihn mit beyden Händen, drückt
ihn an die Brust, und lehnt endlich
den Kopf auf ihn. Sie glaubt gar zu bemerken, dafs er zu weinen anfange,
dafs er sich in einer Art von Verzweiflung befinde.

„Er liebt dich also doch!“ spricht
sie leise zu sich selbst, „gewifs er gä-
„be die Hälfte seines Lebens darum,
„dich glücklich und zufrieden zu se-
„hen. Er bereuet ja seinen kleinen un-
„bedeutenden Fehler, und hast du nicht
„schon eine traurige Erfahrung ge-
„macht!“ —

Osmond zieht itzt das Schnupftuch
wirklich hervor und trocknet sich die
Augen, er kann sich nicht satt an den
Adonis küssen, und dieser theilt seinen
Schmerz.

Auch Luzie findet ihr Tuch in ihrer
Hand. Alle philosophischen Grillen
sind ihr entfallen; sie sieht nur den
Mann, den sie zum erstenmale liebt,
den guten obgleich eigensinnigen Liebling ihres Herzens. Wie konnte sie
ihr Gefühl doch so lange verkennen?
Auf einmal ist der Zauber verschwunden. Sie fühlt es, er sey nur ihrent-
wegen Träumer geworden, und wie
glücklich ist sie nicht in den Gedanken, seine Träume nun realisiren zu
können. Was steht sie auch noch an,
sein Glück ihm selbst zu verkündi-
gen! —

Sie geht sanft auf ihn zu — er sieht
sie nicht. Sie reicht ihm ihre Hand

und ergreift endlich die seinige — er
fühlt sie nicht. Sie läfst sich neben
ihm nieder, und er erstaunt, dafs sein
Herz plötzlich stärker zu schlagen an.
fange. Ein heimlicher Schauer über-
läuft ihn, er wendet das Auge und
sieht einen Schatten neben sich sitzen.
Er erkennt alles. Ist sie es oder ist sie
es nicht! „Ja, es ist Ihre Luzie, My-
„lord, die Ihnen Verzeihung und ihr
„Herz anbietet!" — Ist das Osmond
auch, der sie wieder umarmt. Ent-
flammt sich das Eis, und zerfliefst ein
starres Auge in eine zerschmelzende
Gluth! —

VII.

Der Ring.

„—Da haben Sie einen gewaltigen
„Schnitzer gemacht, gnädigster Herr"
— rief mir meine Schwester entgegen,
als ich in ihr Zimmer trat. Eben hatte
sie ein Buch zugeklappt, und legte es
neben sich auf das Sopha. Es war der
erste Theil meiner Novellen.

„Und welchen, Rosalie?" antwortete ich mechanisch, indem ich ihn auf-
nahm, um zu sehen, wie weit sie ge-
lesen habe.

— „Der arme Almanzor! Kein Wun-
„der, daſs er mit seinen Wünschen am

„Ende nicht viel klüger war. Gesteh'
„es nur, mein Freund, sieben sind weit
„weniger als gar keiner." —

„Und wie viele waren denn nöthig ge-
„wesen, um diese lieben Augen noch
„freundlicher zu machen."

— „Man sollte dich damit strafen,
„sie zählen zu müssen." —

„Du meinst also doch, es würde
„leichter seyn, am gestirnten Himmel
„Arithmetik zu studieren. — Aber ernst-
„haft, Schwester, sage, was willst Du
„damit?"

— „Wie? und Du begreifst noch
„nicht, daſs man sich zuerst recht al-
„bern auswünschen müsse, um ein ein-
„zigesmal vernünftig zu seyn. Die Angst,
„seine armselige zugezählte Baarschaft
„zu verplempern, läſst ja offenbar gar
„kein Nachdenken zu. Nur ein einzi-
„ges halbes Jahr lang möchte ich völli-
„ge Freyheit haben, und — Eduard,

„dann stehe ich dafür, Du solltest eine
„ganz andere Rosalie wieder finden, als
„die hier neben Dir sitzt" —

„Nun, ich bin schon mit dieser herz-
„lich zufrieden. Doch statt aller Ant-
„wort will ich dir ein kleines Geschicht-
„gen erzahlen."

— „Ach, ein Geschichtgen, ein Ge-
„schichtgen. Bester Eduard, ich bin
„schon mit dir wieder versöhnt." —

„Du weist —

— „Und der Titel? vor allen Din-
„gen den Titel!" —

„Nun, so mag sie denn d r e R i n g
heifsen. — Du wirst Dich also erinnern, dafs ich vor nicht gar langer
Zeit, nicht nur mit einer und der andern Muse nicht übel stand, sondern
dafs ich auch der Günstling einiger Feen
war, die sich nicht wenig um den Besitz meines Herzens bewarben. Aber
natürlich war ich nur der schönsten

hold, und sie liebte mich dafür mit einer Zärtlichkeit wieder, der nur eine
Halbgöttin fähig seyn kann.“

„In einer der entzückenden Stunden
unserer wechselseitigen Berauschung
steckte sie mir endlich einmal einen
kleinen goldnen Ring an den Finger,
und sagte dabey: „Hier, mein Gelieb-
„ter, hast Du das beste meiner Geschen-
„ke, dieser Ring macht Dich zum Her-
„ren der Geister, wünsche was du nur
„willst, und es wird sich im Augen-
„blicke erfüllen.“ —

„Wer war jemals so glücklich als
ich? Kaum nahm ich mir Zeit dem
holden Weibe zu danken, kaum gab
ich ihr für zehn Küsse einen zurück;
ungeduldig wand ich mich aus ihren
Armen los und erhob mich in des
Aethers höchste Regionen, wild und
gebieterisch um mich blickend. Schon
schauerten die Stürme leise und ehrer-

bietig bey mir vorüber, die Wolken, um mein Gewand nicht zu bewegen, zerschmolzen in sanfte Düfte, und, zum erstenmal selbst erschreckt, verkroch sich murrend der Donner in die Klüfte des nächsten Gebirges."

„Kann ich Dir meinen damaligen Zustand beschreiben, Rosalie? — Der geheimste Druck meines Willens lösete von mir die Sterblichkeit ab, allmählich reinigte sich mein Geist von seinen Gliedern, meine unruhige Seele umspannte auf geflügelten Blicken ihr izt unermefsliche Weiten, sammelte durch bewufstloses Verlangen ihre reizendste Schöpfungen, und — als ich über den Spiegel des stillen Weltmeeres schwebte, sah ich des schönsten Engels Bild rein und luftig aus den langen purpurfarbnen Wellen mich anblicken."

„Auch mein Geist entwölkte sich zu einer himmlischen Klarheit. Der

Schleyer der Schöpfung zertheilte sich vor meinen Augen, ich fühlte die Harmonie aller Welten, ich verstand die ewigen Gesetze ihres Werdens und Wachsthums; — Schicksal und Begebenheit schlossen ihre Geheimnisse auf, und das Ohngefähr ward zu einer sinnreichen Kette, worin die Wesen, im Streben nach Vollkommenheit sich sanft an einander schlossen. Der Natur ungeheurer Gliederbau, ohne Verwirrung schön verbunden, trat zertrennter und erklärbärer aus einander, der Staub ward eine Welt, die Welten glichen dem Staube."

„Und war ich nun glücklich, Rosalie? — War mein Geist ruhiger, als er sich über alles belebter erhob, als er die Geheimnisse des Seyns ohne Mühe begriff, und nirgends einen Vorhang mehr fand; — nein, gewiß mein Gefühl hatte nichts an Freude gewonnen; mein

Wille

Wille, dem meine Natur eine andere Laufbahn anwiefs, konnte sich selbst nicht verändern; den lauteren Körper bewegten, wenn gleich unter einer andern Form, doch immer dieselben Bedürfnisse, und in der Seele drängte ein eben so unersättlicher Durst."

„Ich sank endlich in ein Thal herab, das ein Kranz von bebaueten Gebirgen auf allen Seiten einschlofs, in dem Ruhe und Fröhlichkeit, unermüdete Geschäftigkeit lachte, und die Unschuld zu wohnen schien. Zwey Dörfer, blühend und reinlich, füllten es mit ihren Einwohnern an. Ein Theil von diesen bebauete das Feld, ein anderer trieb fette Heerden in das Gebirge und lehrte dem Wiederhall Lieder. Abgesondert von der übrigen Welt, schien hier eine andere Schöpfung zu grünen, der Mensch war schön, die Natur im May des Brautstandes, wie für den zärtlichsten der

M

Genüsse bestimmt. Aber mein Geist war zu hell, mein Gefühl zu gespannt. Indem ich in das Innere des Wesens drang, büſste ich die Freuden der Erkenniſs ein.

„Unwillig über mich selbst, traurig und mit meinem Schicksale unzufrieden, werfe ich mich unter einem Baume nieder. Meine Seele versenkt sich in Betrachtungen über die Unvollkommenheit aller Dinge. Indem höre ich Stimmen sich nähern, ich hülle mich in ätherische Düfte und flüstere ihnen zwischen den Blätten entgegen.“

„Zwey holde Mädchen kommen den Pfad herauf. Welche Schönheit, welche Anmuth! Es sind nicht Sterbliche; es scheinen Göttinnen zu seyn. Der Empfindung Reiz im Auge, der Gesundheit Zauber auf der Wange, Sanftheit und Güte im Munde, Ahndung und Sehnsucht im aufwallenden Busen. Ich küsse sie mit frischen Düften, sie heben die Augen dankbar zum Himmel auf."

„Aber izt fangen sie wieder zu sprechen an. Der einen ist ihr Liebhaber untreu geworden, die andere hat ihn ihr treulos gemacht. Beyde liebten, beyde folgten dem stärksten Instinkte ihres Lebens; Freundschaft, Vertrauen, Edelmuth tödtet ein einziger unbeobachteter Augenblick, sie kennen einander noch nicht, aber schon nähert sich der Zeitpunkt, wo der Zwist beyde Familien erbittern, und es nur an Gift und Dolch fehlen wird, um die Schmach thätig zu rächen. Ich lese in ihren Seelen, und sehe an ihre Empfindungen alle Begebenheiten angereihet. Izt hülle ich mich in den schönsten menschlichen Körper, ergreife eine Flöte, lasse mich am Wege nieder, und im Augenblicke verstummen die Haine."

„Sie lauschen, sie freuen sich, sie sind entzückt. Alle ihre Gefühle schweigen und sie treten näher. Welche Veränderung geht in ihren Seelen vor. Niemals haben sie einen schönern Mann gesehen, jede findet sich mit ihm leise verschmolzen, seine Töne fesseln ihre Sinne, sie athmen stärker und schwerer, und vertieft in sich selbst bleiben sie unwillkührlich stehen."

„Ich ende das Lied. Sogleich nehmen sie auch ihre Stellung wahr. Aber schamerröthend zögert eine jede die erste zu seyn, die sich entfernt. Eine nimmt endlich einen Blumenstrauß von der Brust, um ihn mir zuzuwerfen; hastig ergreift die andere ihr Körbchen mit Kirschen und setzt es vor mir nieder. Nun eilen beyde davon, aber sie drehen noch zehnmal den schönen Nakken. Ach, ich sehe schon was zwischen ihnen vorgehen wird, wenn sie

mich aus dem Gesichte verlohren haben.

„Eine kleine Hütte bietet sich izt mir
in der Nachbarschaft dar. Ich bin ein
ermüdeter Wanderer, der Schatten und
eine Ruhestätte sucht. Ein alter ehr-
würdiger Greis steht in der Thür und
ladet mich freundschaftlich zu sich herein. Milch, Obst, Honig und Brod
werden zum Mahle aufgesetzt, das Fröhlichkeit würzt;- in Gestalt einer immer
noch schönen Frau wartet die Gastfrey-
heit uns persönlich auf; in allen Gesprächen athmet Gradheit, Ehrlichkeit
und Gewissen. Die Töchter vom Hause sind züchtig, die Knaben gewandt und
treuherzig, und im Grase spielen noch
zwey bildschöne Kinder. Aber unglück-
licher Weise lese ich auf allen Stirnen.
Der Vater sinnt über die Erbschaft eines
reichgewordenen Nachbaren nach, die
Mutter beweint den Tod eines ungera-

M 3

thenen Lieblings, ein Mädchen wünscht
die Rose der andern, und diese ver-
hehlt ihren Aeltern den nächtlichen Besuch eines Liebhabers. Die Knaben erbittern sich über ihre Talente zur Vieh-
zucht, und die Kinder verfolgen muth-
willig einen Käfer, um ihn zum Zeit-
vertreibe an einer Nadel zappeln zu
lassen."

„Ich nahm Abschied von dieser Hütte und gieng tiefer ins Thal. Ein Hir-
tenkleid veränderte meine Gestalt, ich
trug meine Dienste einem wohlhaben-
den Bauer an, und ward aufgenommen.
Es war gerade die Stelle eines Schä-
fers, die ich suchte und erhielt. Wie
ich die Heerde ins Gebirge trieb, spros-
ten die wohlriechendsten und gesunde-
sten Kräuter unter ihrem Fuße auf, sie
ward fruchtbarer als jede andere der
Gegend, die Milch reiner und wohl-
schmeckender, die Wolle ward seiden-

artig und alles gedieh mir unter den
Händen. So erwarb ich mir die Liebe
und Achtung meines Herrn, die ganze
Gegend staunte mich als einen Wun-
dermann an, die Mädchen lauschten,
wie ich vorübergieng, wenn ich meine Flöte zur Hand nahm, und meine
Begierden, meine Freuden und Wünsche in wollüstigen Tönen aushauchte,
verstummten alle andern, und man
lernte gern von mir. Das Lied, das
ich erfand, war immer das wohlklin-
gendste, der Strauſs, den ich band, der
gewählteste, der Korb, den ich flocht,
der zierlichste.«

„Aber auch hier sah ich zum Unglück tiefer in das menschliche Herz.
Eine stumme Eifersucht, die nur darum nicht laut zu werden sich getrauet,
weil sie nicht erkannt seyn will, ver-
pestet in kurzer Zeit die Luft um
mich her. Bald giebts keinen Blick

mehr., der mich nicht belauscht, keine
Umarmung, die mich nicht verrathen
möchte. Meine partheylose Kälte gegen die Liebkosungen der Mädchen
bringen das ganze Geschlecht wider mich
auf; endlich stürzt eines Tages, während ich schlafe, ein Schaaf meiner
Heerde vom Felsen, mein Herr hat alle
meine treue Dienste vergessen, ich be-
komme den Abschied.“

„Noch eins lafst uns versuchen, spreche ich hierauf zu mir selbst. Ich gieng
an das andere Ende des Thales und fragte, ob nicht etwa eine Hütte zu Kauf
sey. Man zeigte mir eine und ich bezahlte sie; ich schafte mir dazu eine
Heerde, einige Leute zum Haushalt an,
und gieng nun ins Thal als mein eige-
ner Herr. Meine Sorgfalt für mein Gut
verdoppelte sich izt. Durch den Ein-
flufs des Ringes verwandelten wenige
Wochen die erste anscheinende Armuth

in einen bequemen Ueberflufs; ich beschäftigte mich ernsthaft, und der
Seegen, der mir unter den Händen auf-
sprofste, gab mir eine Glückseeligkeit
und Zufriedenheit, als hätte ich ihn allein meinem Fleifse zu verdanken."

„Meine Nachbaren schienen eine gute Menschengattung zu seyn, ich suchte ihre Freundschaft und ihr Herz ward
mir zugethan. Der Abend versammelte
uns alle auf einem grofsen Rasen,
wir speifsten zusammen, oft tanzten
wir, die Flöte und Zither belebte aller Herzen und verscheuchte die kleinen
Sorgen, zuweilen überraschte uns die
Nacht noch mitten im freudigen Getümmel und in unserer Unbekümmernifs
um den anderen Tag.

„Unter ihnen befand sich mancher
Vater erwachsener Töchter, unter diesen manches schöne, holde Geschöpf
voll Seele und Anmuth. Nachbarschaft

M 5

und Unschuld näherte die Jugend einander, und ich blieb nicht ungerührt von geistvollen Reizen. Chlorinde war die schönste der Hirtinnen und ich laſs in ihrem Herzen. Es war der Tugend geweihet. Das reinste, fröhlichste Blut strömte in ihren Adern, ich erkannte in ihren Augen nichts als Friede und Glückseeligkeit."

"Auch sie liebte mich; denn ich war der schönste der Schäfer, meine Gesänge sprachen zu allen Herzen, mein Geist bog sich geschmeidig nach ihrem Bedürfniſs und ihren Wünschen. Ein heiliges Feuer schmolz unsere Seelen in einander, es war in ihnen nichts als Sehnsucht und Befriedigung, der schönste Zauber eines sanften Traumes verklärte unsere Stunden mit dem lieblichsten Morgenroth, ein jeglicher fand was er suchte; es war als hätten wir immer neue Schätze entdeckt, um sie

verschwenderisch gegen einander aus-
tauschen zu können."

„Niemals, Rosalie, niemals habe ich
das Glück der Liebe so innig gefühlt,
als damals in Clorindens Arme. Die
Königin der Feen hatte mein Herz gerührt; aber es war nicht mein Blut,
das sich in ihren Adern bewegte, es
war kein irrdisches Auge, aus dem ich
mit verschönter Anmuth mein Bild zu-
rückblicken sah, es war keiner Sterbli-
chen Busen, an dem ich ruhete und den
ich umschlang; eine himmlische Gluth
flammte in ihren Blicken und einer
Halbgöttin Herz schlug unter meiner
furchtsamen Hand. Hier hingegen war
nichts als die bescheidenste Menschlichkeit, irrdische Empfindung sich mit irr-
discher vermählend, nichts als der Zauber anspruchsloser Tugend. Ihre Schönheit war nicht ohne Fehl, aber ich lieb-

se selbst diese Mängel. Es war das Sie-
gel unserer Verwandschaft."

„Wie war das Glück so süfs, das ich
aus ihrem Auge las, und mir an ihrem
Munde suchte; selbst dafs es nie rein,
nie ungemischt und ohne Wolken war,
ertheilte ihm einen neuen Reiz. Ich
gab ihr nichts was ich nicht wiederem-
pfangen hätte, keiner blieb dem andern
schuldig. Ich suchte ihr Kirschen und
Erdbeeren und sie bezahlte mich mit
ihren süfsen Lippen, ich schenkte ihr
das schönste Lamm meiner Heerde,
und sie schlang ihr Busenband um meinen Huth, ich safs neben ihr und spielte ihr Lieblingsstück, und sie lohnte
mir mit halbverborgenen Thränen und
halberstickten Seufzern. Um keinen
Wunsch pfändete ich meinen Ring. Ich
war stolz auf meiner Schäferin Herz,
ich ward stolz auf meinen eigenen Werth.
Brachte ich ihr auch nicht immer die

besten Früchte des Thales, so könnte
ich sie doch mit meiner Zärtlichkeit würzen; erfand ein anderer auch schönere
Lieder, so waren sie doch nicht aus
Chlorindens Augen geflossen, die Wiesenblume ward unter den Händen der
Liebe noch einmal so schön, und die
Milch von meinen Schafen schmeckte
ihr besser als die fetteste Alpenmilch.
O Rosalie, nichts macht glücklicher,
als den Unvollkommenheiten der Natur
durch Gefühl und Genuſs leise nachzuhelfen, und die Biene ist auf den Honig
stolz, welchen sie aus fernen Blumen
gesammelt hat."

„Was half mir nun damals der Ring?
Athmete darum der Morgen kühler und
erfrischender, erlosch die Abendröthe
in mannichfaltigeren, mehr beruhigenden Abstufungen, zogen die Sterne klarer herauf, und schauerte die Nacht
zwischen dem Laube süſser beklem-

mend? — Hätte ich die Sonne nicht
unter Arbeit und Mühe sinken gesehen,
wie hätte mich wohl das frische Quell-
wasser, der Wein meiner Reben, die
Frucht von meinem Baume erquickt?
Mein Schweiß gab dem einfachsten Ge-
nuß einen hohen Wohlgeschmack, auf
selbst gesäeten Rasen streckte ich mich
zufrieden mit Clorinden, unser Blut
war gekühlt, eine sanfte Mattigkeit ließ
die Adern ruhiger und heimlicher klö-
pfen. Hofnung gab dem brennenden
Winde einen kühleren Athem, und alle
Gegenstände verschönerten sich von uns
berührt."

„Aber hier sieh dann der Menschheit Bestimmung. Alles verändert seine
Natur im Laufe der Zeiten; alles muß
enden. Eine neue Leidenschaft entstand
in Chlorindens Brust, ihre schuldlose
Seele kämpfte mit ihr verzweiflungs-
voll, und lag gerade ihr um so eher

unter. Ich sah ihr Entstehen, ihren Wachsthum. Wie glücklich machte mich ihr Herz — aber ich fühlte es, gezwungen könne es nie meine Wünsche erfüllen. Mit stillem Unmuth erblickte ich meine erquickendsten Hofnungen vor mir verblühen; freywillig geschenkt hatte ich sie in meinem Busen mit der vollkommensten Freude getragen, man forderte sie mir wieder ab, und ob ich sie gleich hätte behalten können, so gab ich sie doch gelassen und mit zerdrückten Thränen ihrer Heymath zurück."

„„Armer Eduard," sprach ich zu mir selbst, „so enden denn deine Pläne; du bist nicht für die Ruhe „geschaffen und die Ordnung der Dinge stört sie durch ihren scheinbar ver- „worrenen Lauf. Wie arm ist nicht „das menschliche Herz! Unersättlich „durch eine Menge von Glückseligkei-

„ten, die es besitzt, hängt es noch im-
„mer an irgend einer andern, die es be-
„sitzen möchte, und die ihm selbst nach
„dem Erwerb nicht lange blühet. Nicht
„der Besitz, nur die Nähe desselben
„macht uns zufrieden! — Laſs uns da-
„her den Frieden fliehen, und in rast-
„loser Thätigkeit uns ermüden. Viel-
„leicht gleicht das Glück auch darin
„den Weibern, daſs es zuvorkommen-
„der wird, wenn man seine Gunstbe-
„zeugungen nicht sucht." —

„Zwey benachbarte Könige führten einen blutigen Krieg. Schon vier Jahre hatte
er ihre Länder verwüstet, und noch
immer stand der Ausschlag im Gleichgewicht. Die Vortheile einer gewonnenen Schlacht giengen in der nächsten
wieder verlohren, und es war, als wolle man die Festungen in abwechseln-
dem Glücke nur mit einander vertau-
schen. Nachdem ich im Stillen die
Ge-

Gerechtigkeit ihrer Sache gewogen hatte, mischte ich mich, ein neuer Ale-
xander, unter ihre Krieger, unverletz-
lich und ohne Furcht that ich Wunder
der Tapferkeit, unter meinem Degen
bog sich der hartnäckigste Kampf, wie
bezaubert wichen die Glieder vor meinem Federbusche zurück, und immer
war ich der erste, der unsere Fahnen
auf die feindlichen Wälle pflanzte. O,
wie betete alles den schönen, jungen
Helden an! Sein Auge blitzte Zerstörung über alle Gefahren hin, und ihm
folgen dürfen hiefs einem sicheren Siege entgegengehen. Ehrenstellen und Orden, die Gunst des Monarchen und der
Armee schien ihn um so mehr zu zie-
ren, da er keinen Lorbeer empfieng,
ohne ihn mit seinen Kriegern zu theilen.“

„Ja, Rosalie, ich gestehe es Dir.
Auch hier gab es Augenblicke von über-

N

schwenglicher Glückseeligkeit. Wenn
der Morgen das feindliche Heer mir gegen über beglänzte, wenn ich die schönen Schaaren hinter mir wahrnahm,
glühend vor Muth unter meinem Befehl, mich freundlich und zutrauungs-
voll anblickend; meine Kraft, meines
Armes sich bewußt, im Voraus ihres Sieges schon trunken; wenn der
Donner der Kanonen mein Herz schwell-
te, um mich her der Trompetenschall,
mit dem Krachen des Feuergewehres,
mit dem Rufen der Befehlshaber, dem
wilden Geschreye der Menge, mit dem
Stampfen der Reiterey sich vermischte;
wenn mein stolzes Roß sich unter mir
bäumte, kampflustig dem Angriffe ent-
gegenwiecherte, und vom Getümmel
wie außer sich gesetzt, an jeder meiner Bewegungen einen hitzigen Antheil
nahm. Wenn wir endlich in die Gluth
des Feuers hineinstürzten, um uns

her alles sank was uns widerstand,
wenn wir ganze Schaaren über einander warfen, mit allgemeiner Verwirrung die feindlichen Glieder trennten,
endlich mit dem Bajonette die Batte-
rien hinaufdrangen und sie vernichte-
ten; wenn ich dann gleich einem Got-
te mitten in dieser blutigen Zerstörung,
ungerührt und ruhig über das Schlacht-
feld hinwegsah und an den theuer er-
kauften Palmzweig des Friedens dachte.
Mancher meiner Freunde war im Kampfe gefallen, — „wohl ihm," sagte ich,"
„er hat die Schuld der Natur mit Ehre
„bezahlt." Mancher neben mir beklagte ein verlohrenes Glied — „wohl dir,"
rief ich ihm zu, „du hast einen besse-
„ren Orden als alle Fürsten der Welt
„dir zu geben im Stande sind. Sammelte ich dann meine vom Siege zerstreue-
ten Truppen, wie voll bezahlte mir
dann ihr Blick, ihr Zuruf, mein her-

abströmendes Blut, meinen vergossenen
Schweifs!"

„Und kam ich am Abend in mein
Zelt zurück, wie honigsüfs schmeckte
mir der vom Frühstück übriggebliebe-
ne Bissen Brod; ruhig streckte ich mich
auf dem harten Lager aus, vollbefrie-
digt von mir selbst und von allem um
mich her. Gewifs ich wufste es nicht
mehr, dafs ich allenthalben Sieger gewesen, dafs ich erster Anführer sey,
denn neben mir schlief der gemeine
Soldat, mit seiner Flinte im Arme, noch
ruhiger als ich, mein Orden hieng an
der Wand, und es war rein vergessen,
was der König am Ende des Treffens
mir angenehmes gesagt hatte. Nur meine vollbrachte Pflicht machte mich
glücklich, nur die Abspannung nach
der Arbeit. Es war eine Ruhe, die ich
mit allem neben mir ohne Unterschied

theilte, ein Friede, den ich mir selbst
zu verdanken hatte."

„Indefs glaube darum nicht, dafs
mir der Ring alle widrige und unangenehme Augenblicke ersparte. Hundert
mischten sich täglich unter meine Freuden. Blickten auch alle Umstände mich
freundlich an, so erschuf ich mir selbst
Hindernisse und Bedenklichkeiten; manche Nacht vergieng schlaflos, und oft
gebrauchte ich meinen Ring mir zum
Nachtheile. Während dafs ich mich
in meinem Fluge vergafs, wichen tau-
sende neben mir muthlos zurück, und
einzelne Unfälle des Krieges, durch meine Feinde ausgeschmückt und verfälscht,
machten den Monarchen oft den Ausschlag des ganzen Feldzuges vergessen.
Wie hätte ich auch über die Verdau-
ung des Fürsten, über die Freyheit seines Kopfes, und den frischen Umlauf
seines Blutes wachen können, und es

N 3

gab Augenblicke, in denen die Glückseeligkeit meines noch immer zu em-
pfindlichen Herzens von ihnen ab-
hieng,"

„Der Krieg näherte sich indessen
seinem Ende mit starken Schritten;
auch ich hatte die Ehre einen rühmli-
chen Frieden zu schliefsen. Beyde Theile überhäuften mich mit Freundschafts-
und Ehrenbezeugungen, und kaum war
ich in der Hauptstadt einige Monathe
zurück, als der König mich zum ersten
Minister erklärte."

„Eine neue Laufbahn! Neue Aussichten, neue Plane! In kurzer Zeit
war ich in allen Geheimnissen meiner
Arbeiten eingeweihet. Ohne dafs ich
dazu wirklich etwas gethan hatte, schien
die Vorsicht mich erlesen zu haben, die
Wunden zu heilen, welche ich der Nation durch jenen Krieg hatte schlagen
müssen. Auch opferte ich diesem alle

andere Wünsche und Hofnungen auf.
Ich athmete nichts als Thätigkeit und
fand nur in Geschäften oder nach ihnen
Glückseeligkeit. Das Land erhohlte sich
sichtbar, das Volk vergafs seine ausge-
standene Leiden in neuen Hofnungen,
die Manufakturen belebten den Handel,
und der Ackerbau bevölkerte und erheiterte die Landschaft. Alles diefs gab
mir eine noch niemals gefühlte Wol-
lüst. Aber die ausschweifende Liebe
des Volkes regte mir neue Feinde auf,
und flöfste dem Monarchen selbst eine
geheime Eifersucht ein. Ich hätte das
ganze Menschengeschlecht umkehren
und fesseln müssen, um diefs alles hin-
dern zu können. Welche Last von ver-
wirrten Geschäften lag auf meinen Schul-
tern, und niemals hatte ich einzelne Augenblicke der Ruhe theurer erkauft.‘‘

N 4

„Endlich ward der König meiner so
überdrüfsig, als ich seiner schon lange
gewesen war. Wir trennten uns als
Freunde. Ich verbrannte meine Perga-
mente, warf meinen Degen und meine
Orden in den Strom, verkaufte meine
Güter, theilte das daraus gelösete Geld
unter die Armen aus; hierauf küfste
ich meinen Ring und rief freudig aus:
„Wohl mir, dafs du noch einen Wunsch
„für mich hast." Ich erhob mich un-
sichtbar in die Lüfte und suchte Ame-
lien. Als ich sie sah, sank ich in ihre
Arme, und steckte ihr den Ring an den
Finger: „Hier hast Du ihn wieder,"
setzte ich hinzu, „ich bedarf seiner
„nicht."

„ „Wohl Dir!" antwortete sie mir
lächelnd, „dafs Du dies nun fühlst.
„Meine Absicht ist erfüllt. Itzt rufen
„mich höhere Geschäfte aus dieser Luft.
„Aber ewig werde ich Dich lieben. Du

„hast zehn Leben gelebt, kehre in dei-
„nen ehemaligen Zustand zurück, wen-
„de ihre Erfahrungen an und sey glück-
„lich. Sie küsste mich zärtlich, — und
„ich befand mich auf meinem Sopha, wie
„aus einem süfsen Traume erwachend.‟

———————

„Wie wolltest du diese Geschichte
nennen, Eduard?‟ fragte mich meine
Schwester, als ich zu erzählen aufgehört hatte.

—„Den Ring, Rosalie.‟ —

„Weist Du was, bester Bruder? Nen-
ne sie lieber Rosaliens Thorheit,‟
antwortete sie, indem sie mich lächelnd
umarmte.

———————

N 5

VIII.

Die Nationen.

—————

Es ist keine Stadt auf der Erde, wo
man einen so grofsen Zusammenflufs ver-
schiedener Völker bemerkt, als Paris.
Einst gab es eine Zeit, wo es zu den inte-
ressantesten Beobachtungen gehörte, die
Sitten derselben in ihrer Nationaleigen-
heit zu untersuchen, und zu sehen, wie sie
und welche Bildung sie annehmen konn-
ten. Eine wirkte auf die andere, oft
vergafs sich jene in dieser; doch der
Theil derselben, den man den klügeren
nennen kann, nahm von dem Karakter

dessen, dem er sich näherte, nur immer
so viel an, als er für seine Volksideen
und meistens auch für seine Volksvor-
urtheile anpafslich fand. Engländer und
Italiener, Deutsche und Portugiesen,
Spanier und Schweden, Russen und
Holländer — alles verschmolz sich sach-
te in einander, durch die französischen
Gewohnheiten an den rauhen Seiten ab-
gefeilt, und durch ihren Karakter mehr
oder weniger einander näher gebracht.
Und doch hieng ein jeder immer etwas
an seinem Orden. Es war ein Jahrmarkt,
wo jeder seine vaterländischen Produk-
te für dieselbe ausländische Münze feil-
bot.

Unter den französischen Grofsen übertraf keiner den Duc de F* an Aufwand
und anständiger Pracht. Er hielt sein
Haus für alle Fremden offen, und hier
war es auch, wo man fast alle, und alle in ihrem gröfsten Prunke von Natio-

naleigenheiten antraf. Denn statt daſs in den andern Häusern die Gäste nach dem einzelnen Tone des Wirthes sich stimmten, so war der Wirth hier, was ein jeder Gast wünschte, daſs er seyn möchte. Niemand zwang sich, denn er war Britte mit dem Britten, und Spanier mit dem Spanier. Er selbst liebte die Geschäfte und Einsamkeit, und hatte wenig Hang zur gesellschaftlichen Schwarmerey; aber er besaſs eine einzige Tochter, welche er bis zur Anbetung liebte, und der er keine bessere Schule von Glückseeligkeit und Weltkenntniſs eröfnen zu können glaubte, als eben die Welt.

Gräfin Annette war von Geburt, was man eine vollkommene Französin nennt, niedlich, lebhaft, äuſserst maniert, von schnellem Witz, Vergnügen gebend und nach Vergnügen haschend; ihre Erziehung aber war eine Reise in die gebil-

detsten Länder Europens gewesen, denn
diese waren gleichsam sämmtlich in
ihrem Zimmer eingekehrt. Sie hatte
das Gute, an allem etwas Gutes, und
Verstand genug, manches davon für
sich nicht ganz unbrauchbar zu finden;
sie lernte dem Britten Kalkulationsgeist,
dem Italiener Gefühl für Kunst, dem
Spanier Anstand und Stolz, dem Deut-
schen Kälte und Ehrlichkeit ab, und
wußte dieß mit ihrem nationalen Froh-
sinne und der Leichtigkeit ihrer Ideen
so wunderseltsam zu mischen, daß jeder
nur sein verschönertes Bild in ihr wieder fand.

Itzt näherte sie sich ihrem achtzehnten Jahre, und ihr Vater wünschte,
daß sie anfange, nach einem Gemahle
sich umzusehen. Er gab ihrem Herzen
völlige Freyheit, unter ihren Liebhabern zu wählen, denn er hatte Sorge
getragen, daß ihr keiner sich näherte,

der ihrer nicht würdig gewesen wäre.
Alle Länder standen ihr daher offen,
und kaum ahndete man hiervon etwas,
so bewarben sich auch alle Länder um
ihren Besitz. Sie schwankte unter allen
und konnte sich für niemanden entschei-
den. Indem sie allen ihr Bestes abge-
lernt hatte, war es, als sollte sie den
Grundsatz bestätigen, dafs man nur die
Tugenden schätzt, die man selbst nicht
besitzt.

Unter ihren Liebhabern hatten indefs fünfe einen entschiedenen Vorzug:
Lord W...y, ein Britte; Baron L**,
ein Deutscher; Graf F..i, ein Römer;
Don Rodrigo S*, ein Spanier und endlich der Marquis von C**, ein Franzose; — sämmtlich von hoher Geburt,
gleichen Vermögensumständen, und gleichen Ansprüchen; aber von der gröfsten Unähnlichkeit im Inneren und Aeus-
seren.

Lord W...y war grofs, blond und von festem Gliederbau, man hatte selbst behaupten können, seine Figur wäre zu stark gezeichnet, denn seine Gesichtsmuskeln hatten ein so scharfes, ein so wenig nachgiebiges Gepräge, dafs man seinen Karakter ohne Mühe auf den ersten Anblick ·errieth. Ein nicht dunkles, aber seelenvolles Auge richtete sich genau nach dem unbeweglichen Ernst seiner Miene. Er lächelte selten oder verächtlich ; noch selten lachte er, aber dann konvulsivisch, Sein Gang war stolz und kalt; selbst diesem konnte man die unerschütterliche Ruhe und Gleichgültigkeit seines Karakters ansehen.

Er dachte zu sehr und zu ängstlich nach, um viel reden zu können; im wärmsten Gespräch um sich her blieb er einsylbigt und entscheidend; wenn er anderer Meynung war, so sagte er sie

offen und ohne Umschweif, aber be-
kümmerte sich dann nicht weiter darum, ob man ihm Beyfall gab oder
nicht; darum galt ihm Autorität gar
nicht, denn er wußte im nächsten Augenblicke kein Wort von dem, was er
im vorhergehenden gehört hatte. Es
reichte ihm vollkommen hin, wenn er
nur unterrichtet war.

Fiel ihm etwas ein, das ihm vernünftig vorkam, so war er nur ganz
allein in der Welt, was neben ihm unterdessen vorgieng, vergaß er ganz und
gar. Machte indeß etwas außerordent-
liches auf ihn einen hinreichend starken Eindruck, so vergaß er sich auch
wohl selbst darüber. Niemand konnte
großmüthiger seyn, und im Nothfalle
so sehr seine eigenen Bedürfnisse verachten, als er; und war er erst durch
etwas auffallendes aus seinem natürlichen Gleise gezogen, so rannte auch

sein

sein Affekt mit ihm so schnell und heftig als nur möglich fort. Das alles gab seinen Handlungen oft den Schein des Widersprechenden, der bey ihm durch den ordentlichen kalten Gang seiner Gedanken in eben dem Maaſse, als durch eine entgegengesetzte Schwäche erzeugt wurde.

Sein Hang zur Freyheit war in Kleinigkeiten so groſs, als in der wichtigsten Sache. Wenn ihm eine Gesellschaft nicht behagte, so vergaſs er sehr leicht über sein eigenes Miſsvergnügen alle Dezenz. Und leider lieſs ihn sein Hang zur Reflektion oft da etwas abgeschmacktes und unangenehmes finden, wo die meisten andern nur eine reizende Oberfläche erblickten. Bey ihm brachte es die nemliche Wirkung hervor, mit einem Gegenstande zu wenig oder zu genau bekannt zu seyn, er war kalt und miſstrauisch beym ersten und

O

ward mifsvergnügt beym letzteren. So
war ihm das Leben verstrichen und ohne Genufs.

Auch machte ihn dies alles gegen
dasselbe gleichgültig, denn man konnte
diese Todesverachtung nicht eigentlich
Muth nennen. In seinem Karakter war
alles bis auf die kleinsten Nuancen kal-
kulirt, und er ward mit dem Ganzen
unzufrieden, wenn ihm auf irgend einer Seite etwas fehlte. Das Künstler-
genie seiner Nation foderte Einfalt und
Bequemlichkeit, er suchte nichts als
Nutzen, feine Zusammensetzung und innere Güte, wo sich nichts als Politur
befand, und so stiefs er allenthalben in
seinen Vergnügungen an. Sobald er
aber etwas gefunden, in das ihn Umstände oder Launen nicht tiefer eindrin-
gen liefsen, so hieng er mit dem glü-
hendsten Eifer daran, und sein Feuer
nahm an Heftigkeit zu, so bald er ge-

zwungen war, in einem kleinen Raume
sich einzuschränken.

Oft machte ihn sein Trotz den Weibern angenehmer, als die Schmeicheley
seine Nebenbuhler, denn das schöne Geschlecht liebt im Grunde einige Ueberlegenheit am andern. Niemanden scha-
dete er, und er half seinen Feinden
selbst, ohne weitere Wollust, aus blos-
sem Antriebe seines Systems, so wie allem
was er nur erreichen konnte, aber er
vermied so viel es nur möglich war,
jedes vertrauten Umgang. Es war gegen denselben in seiner Seele weniger
Haſs als Ekel.

In der Liebe war er kühl und nach-
läſsig; er liebte keine Aufmerksamkeit
die sich aufdrang; aber die Gräfin hatte ohne es zu wissen, einen Verthei-
diger an ihm, welcher jeden Augenblick bereit war, sich für sie in der
gröſsten Stille den Hals zu brechen. Zu-

O 2

weilen floſs sein Herz mit einer Feinheit über, welche zugleich die Wärme
seiner Empfindungen verrieth, oft
sprach er ihr selbst von Liebe vor, niemals aber hatte er ihr eine Erklarung
gemacht.

Ganz ihm entgegengesetzt war der
Marquis von C *, denn dieser war nichts
als Erklärung, und er hatte mit dem Britten nichts anders gemein, als daſs er alles
frey heraussagte, was er nur dachte, ob
es gleich nicht zu läugnen war, manchesmal hätte er besser gethan, ihn
ebenfalls in der Tugend des Schweigens
nachzuahmen.

Indeſs lieſs die Hurtigkeit und Munterkeit seines Verstandes selten eine
Lücke in seinen Ideen wahrnehmen.
Er war ein Wesen der Gesellschaft, so
wie der Engländer ein Wesen der Einsamkeit; alles was er gelernt und ge-
dacht hatte, war für die Mittheilung;

es war nicht sowohl Begierde zu gefallen, die ihn belebte, es war der Trieb alle Welt zu befriedigen. Kein Wort kam daher aus seinem Munde, ohne geheimen Bezug, und ob er gleich nicht immer vorher überdachte, was und zu wem er sprach, so hatte doch alles eine gewisse Grazie für alle Menschen, welche sich auf ihre allgemeinen Leidenschaften bezog. So wie es keine Wissenschaft gab, der er nicht ihre Blumen geraubt hatte, so war keine Kunst, die er nicht anwandte, sie in seinem Wesen, in seinem Umgange sanft zu verweben, und sie andern angenehm zu machen.

Ueberdem kannte er jedes kleine Leidenschaften, und wenn der Engländer den Menschen theoretisch studierte, so beschäftigte sich dieser praktisch mit ihm. Ohne so grofser Aufopferungen als jener fähig zu seyn, so waren seine

kleinen Dienste doch immer willkommen, denn seine Gewandtheit lieh diesen den allgemeinen Karakter der Grofsmuth, den jene in der That besafsen,
weit gefälliger und reizender.

Ganz abhängig von den Gesetzen der
Dezenz, der Gewohnheit und Mode hatte er nie das Herz eine Tugend zu üben,
wo sie Mifsverständnissen ausgesetzt gewesen wäre, das Urtheil anderer machte ihn kleinmüthig und schwach; die
Widersprüche anderer bewegten ihn wenig, aber es war nicht die Stärke seiner
inneren Ueberzeugung, sondern die
Flüchtigkeit seiner Seele, die ihn darüber hinwegführte.

Er war sanft und menschlich, und
half gern, wenn man nicht zuviel verlangte. Er gab jedem nach, und obgleich leicht zu reizen, ertrug er doch
vieles was ihm auffiel, aus Liebe für
die Gesellschaft. Fieng er aber zu ko-

chen an, und setzte man ihn erst einmal in Athem, so gieng er auch über
alle Maasse hinaus; doch war er
leicht wieder zu versöhnen, und behielt
gegen seine Feinde nicht den mindesten
Groll.

Bey der Gräfin vergaß er sich völlig, und man hätte nicht mit Unrecht
behaupten können, er lebe nur in ihr.
Indessen wollten einige Kenner behaupten, er liebe sie mit mehr Eitelkeit als
wirklicher Wärme; in allem Geschöpf
des Augenblickes, und ohne an Zukunft
und Vergangenheit im geringsten zu denken, fand er seine ganze Glückseeligkeit
in ihrer Beschäftigung, in der Munterkeit und Laune, die er ihr einflößste,
und in der Aufmerksamkeit, wozu ihn
das alles selbst nöthigte.

Baron L* war ein gerader, gutmü-
thiger Karakter, so ehrlich und aufrich-
tig als sein Gesicht, offener Freund sei-

nes Freundes, und offener Feind seiner Feinde. Er besaſs weder das Leich-
te des Marquis, noch das Ernste des
Lords; er lachte, wenn alle lachten,
und wenn alle weinten, war er nicht
der letzte mit trocknen Augen.

Nur ein wenig Bequemlichkeit war
es, was ihn von manchem Guten abhielt. Er besaſs zwar Grundsätze, da
er sie aber mehr aus seinen Büchern
zusammengelesen, als aus seiner eigenen Erfahrung und Reflexion abgezo-
gen hatte, so waren sie nicht lebendig
genug, ihn ohne äuſsere Auffoderung
wirksam zu machen; sobald ihn aber
etwas wirklich in Bewegung setzte, so
schlich er ganz gemachsam und mit un-
bekümmerter Ruhe weit sicherer zum
Ziele, als der Franzose, der zuweilen
vor lauter Eile darüber hinausrannte,
oder der Engländer, der ohne Noth bey
jedem Schritt stillstand, um zu unter-

suchen, ob der andere auch noch sicher
genug sey.

Das beste war, dafs jedermann wufste, woran er mit ihm war; sein Aeus-
seres war gerade so verschieden als seine Laune; wenn er jemanden nicht
leiden konnte, so machte er weiter kein
Hehl daraus; liebte er jemanden, so
erstickte er ihn etwas mit seinen Liebkosungen, war er übler Laune, so
sprach er gar nicht, war er fröhlich,
so schwatzte er. Man konnte sich ganz
auf ihn verlassen; ehe er ein Versprechen gab, bedachte er sich vorher ein
Weilchen, hielt es aber nachher Wort
für Wort. Er liebte es, jemanden einen Dienst erweisen zu können, aber
er liebte es noch mehr, sich dafür danken zu lassen. Er verlangte, jede Tugend solle sich öffentlich zeigen, aber
er versteckte auch seine Fehler so wenig als seine Vorzüge.

O 5

Was ihm etwa noch an Manieren abgieng, ersetzte er getreulich durch einen naiven Frohsinn, wenn es ihm ein-
kam, lustig zu seyn. Alsdann war er
ein treuherziger, guter Landmann, der
einmal Stand und Geburt vergaſs, um
mit aller Welt recht vertraulich herum-
zuspringen. Ehedem hatte er den Franzosen geliebt, itzt zog er den Engländer vor und achtete nicht darauf, daſs
ihn dieser kälter behandelte, als er es
vielleicht verdiente. Zwar hatte er
durch die Nachahmung seiner Art die
Gegenstände zu sehen, an Festigkeit der
Grundsätze gewonnen, aber auch den
letzten Rest des frischen Blutsumlaufes
verlohren, welcher ihn der Gesellschaft
werther und mancher Weise von Auf-
klärung empfänglicher gemacht hatte.
Wäre er nicht aus seinem Nationalei-
genthümlichen gewichen, so hätte er
gerade genug Nachdenken und Manier

besessen, um jeden andern neben ihm an Karakterbildung übertreffen zu können.

Don Rodrigo S* de F*g, G*g, L* hatte gerade so viel Stolz, als für den Besitzer einer solchen Menge von Nahmen gebühret. In der That war an ihm nichts Mittelmäfsiges als die Statur; niemand konnte seinen Adel besser bewähren; denn es gab keinen Menschen in seiner ganzen Provinz, der nicht seit den ersten Zeiten der Christen Hidalgo gewesen wäre. Natürlich, weil niemand ihm die Reinigkeit seines Blutes streitig zu machen im Stande war, verachtete er alles neben sich, und da er zum Glück grofse Reichthümer besafs, so sah man darüber hinaus, hieng ihm einen papiernen Haarbeutel an, oder liefs ihn mutterseelen allein den Fandango tanzen. Ja, er war der Gesellschaft am Ende so unentbehrlich geworden, dafs man

keine Lustparthie ohne ihn anstellen
konnte.

Diese Kleinigkeiten ausgenommen,
besaſs er nichts weniger als eine ver-
ächtliche Sinnesart. Den Franzosen
übertraf er an wahrer Galanterie und
Feinheit gegen die Weiber eben so sehr,
als den Engländer, an Stolz gegen die
Männer. Seine Verschwiegenheit und
Diskretion waren so sehr bekannt, daſs
er gewöhnlich der Vertraute seiner eigenen Liebeshändel wurde, und daſs
man ihm verstellte Confidenzen machte, um desto sicherer zu wissen, wie
man ihn zu behandeln habe. Für seine
Mätresse war nichts in der Welt, das
er nicht mit Freuden hingegeben hätte,
keine Beleidigung war stark genug, ihn
zurückzuschrecken; keine Untreue, die
er an einem Weibe gerächt hätte; aber
wehe seinen Nebenbuhlern, denn gegen
sie hatte er das Herz eines Löwen, mit

noch weit mehr Unversöhnlichkeit. Ein
Muth und ein Unternehmungsgeist, der
bis zum Abentheuerlichen gieng, eine
Geduld ohne Gleichen, eine Feinheit in
der Intrigue, welche unter dem Scheine der Bravheit alles überstieg, machten ihn zu einem wahrhaften Liebhaber, aber er war nicht viel mehr als
diefs.

Graf F .. i endlich war die Politik
selbst, ein vollkommener Schauspieler,
studiert und schleichend; bey keiner
Handlung ohne Interesse, bey keiner
Handlung ohne Plan, auf seinen Vortheil erpicht, und über die Mittel dazu unbekümmert, freundlich gegen jeden, offen gegen keinen. Ohne die
Munterkeit des Franzosen, ohne die Kälte des Britten und das Gefafste des Deut-
schen, ohne den Ernst des Spaniers zu
haben, besafs er von jedem etwas, war
immer Herr seiner selbst, liefs seine

eigenen Bewegungen so wenig aus den Augen als die der Umstehenden, war jedes nach der Laune von jedem, aber auch eben so bereit im nächsten Augenblicke etwas anderes zu seyn.

Da er die Weiber liebte, und über die Wege zu ihrem Besitze nichts weniger als schwierig war, so konnte es ihm nicht fehlen alles zu haben. Er war gleich eifersüchtig auf Geliebte und Nebenbuhler, übersah und vergab nichts, zählte genau ihre Gunstbezeugungen und liefs sie doch oft unbezahlt, und indem er überrechnete, ob es der Mühe verlohne, jemanden zu helfen, dachte er an niemanden als an sich selbst.

Im übrigen besafs er eine unerschöpfliche Ader von Witz, besonders von schneidendem. Man fürchtete ihn wenigstens, wenn man keine Ursach hatte ihn zu hassen. Er kannte und liebte

die Wissenschaften, trieb die Poesie,
und war so geschmackvoller als eifriger
Dilettant in allen schönen Künsten. Niemand hatte mehr Gefühl für diese Art
der Wollust und Weichlichkeit; niemand berechnete schlauer und mit we-
nigern Unkosten seine Genüsse, und nie-
mandem zeigte sich die Freude doch so
gemischt und durch tausend Besorgnis-
se so unablässig verbittert.

Annette hatte Gefühl für alle diese
Verdienste, aber sie hatte noch mehr
für sich selbst. Sie empfand es, was
sie bedürfe, um in der Ehe glücklich zu seyn; sie glaubte nicht Geist
ihrer Nation genug zu besitzen, um sich
über Zufälle trösten zu können, denen
sie mit einiger Klugheit hätte auswei-
chen mögen, und hielt die Glückselig-
keit in einer innigen Verbindung für
ein möglicheres Ding, als wir sie itzt
zu betrachten geneigt sind. Und was

war denn das erste, was sie von ihrem Gemahle verlangte? Eine feine Empfindlichkeit der Seele, welche nicht allein mit Ueberlegung und ernstlich hilft, sondern auch durch persönliche Theilnahme beruhigt und tröstet, kurz welche nur für andere zu leben und da zu seyn glaubt.

Sie hielt diesen einzigen Hang der Seele nicht nur für den wahren Grund eines tugendhaften Karakters, sondern auch für die erste Anlage zu allen schönen Künsten, des Geschmacks und der feinen Sitten. Hatte sie ihn nur erst in einem Manne gefunden, so hatte sie Zutrauen genug zu sich selbst, ihm alles das andere zu geben, was sie für fähig hielt, sie beyde in einander glücklich zu machen.

Der Winter kam heran, und sie hatte ihrem Vater versprochen, vor Ende desselben sich einen Gemahl zu wählen; denn

denn sie hofte, die Vergnügungen, welche den Geist berauschen, und ihn oft
wie der Wein in seiner natürlichsten
Bildung darstellen, zu irgend einer Prüfung ihrer Liebhaber anwenden zu
können. Vorzüglich schien die Maskerade ihr ein Hülfsmittel zu seyn, das
sie nicht vernachläfsigen dürfe; sie zog
einige ihrer Freundinnen mit in ihren
Plan, und die Anstalten waren sehr bald
getroffen.

Eines Abends waren die sämmtlichen
Herren auf einem Balle versammelt, und
ein jeder von ihnen gieng unter der
Hülle, welche ihm für die Entfaltung
seines Geistes und Witzes am zuträglich-
sten vorkam, den Neigungen seines
Herzens ganz unbehindert nach. Der
Britte hatte das Kleid eines Eremiten
genommen, um über alles was ihm aufstiefs und seinem Spleen zu nahe kam,
eine bittere Lauge von Spott und Ver-

achtung der Freuden dieser Welt zu giefsen; besonders verfolgte er einen bunten Schäfer, an den sich ein Trupp von Frauenzimmern angehängt hatte, welche über ihn ganz entzückt schienen. Und diefs war der Franzose. Am innigsten vergnügt war der Deutsche, der in Gestalt eines Bauren vom Spiel- zum Weintische, und vom Weintische zu den Tänzern gieng. Ein Kapuziner, welches der Italiener war, machte indessen den Kuppler zwischen einem bekannten öffentlichen Mädchen und einem Spanier, welches in der That auch unser Hidalgo war, und suchte, während er beyde niemals aus den Augen verlohr, sorgfältig Annetten auf, um ihr einen ihrer Liebhaber in seiner Blöfse zu zeigen. Zwar hatte Annette ihnen allen versprochen, gleich anfangs mit auf dem Balle zu seyn, sie selbst recht scharf zu beobachten bedrohet,

ich weifs aber nicht, welcher Zufall
oder ob eine Unpäfslichkeit sie abhielt,
früher als gegen das Ende aufzutreten,
wo sie als Türkin und ohne Maske erschien.

Während dieser Zeit näherte sich ein
anderer Einsiedler dem Britten, und
sagte ihm: da er sich in einer Verlegenheit befinde und hier einem Bruder
begegne, so wünsche er zu wissen, ob
ihre Gesinnungen sich so ähnlich als
ihre Kleider wären; er ersuche ihn des-
halb, sich mit ihm in ein benachbartes
Zimmer zu begeben, wo sie sich über
das, was er ihm zu sagen habe, unge-
stört unterhalten könnten.

Der Britte mafs ihn nach dieser An-
rede einen Augenblick lang von oben
bis unten, da er sich aber auf nichts
besann, das ihm einen seinem Leben
gefährlichen Feind hätte zuziehen können, so folgte er seinem Bruder ganz

gelassen in ein Nebenzimmer. Dieser,
statt seine Maske abzulegen, wie er es
that, bat ihn um Erlaubnifs, ihm noch
eine Zeitlang unbekannt bleiben zu dürfen, und begann ihm eine rührende Geschichte zu erzählen.

Sie war sowohl in ihrer Natur als
in der Art des Vortrages von der Art, einen Stein in Bewegung zu setzen. Ein
im gröfsten Elend verschmachtendes
Weib mit einer zahlreichen Familie foderte schleunige Unterstützung; aber
man setzte sehr vernehmlich hinzu:
weit mehr würde die Gegenwart des
Wohlthäters zu ihrer Linderung bey-
tragen, als ein Allmosen, das man auch
einem Bettler nicht versage, der es weniger als sie verdiene. Der Erzähler,
dessen Rührung seine Theilnahme verrieth, ersuchte zuletzt den Lord, mit
ihm zu kommen, um ihm nachher für
einen Anblick zu danken, der seinem

Herzen einen ewigen Freund verschaf-
fen würde.

W . . y hörte diese Erzählung von
einem Ende zum andern mit der ru-
higsten Miene an, griff in die Tasche,
und warf der Maske einen Beutel in den
Schoofs, nahm hierauf seine Maske wie-
.der vor, und sagte im Weggehen, er
habe heute keine Zeit diefs alles mit
anzusehen.

Der Eremit schüttelte den Kopf und
gieng ihm nach, um einen anderen Helden zu suchen. Der erste, welcher ihm
aufstiefs, war der Deutfche, als er eben
am Schenktische stand und sich ein
Glas Punsch einschenken liefs. Man
that ihm die nemliche Vorstellung, der
Maske in das Zimmer zu folgen, er
nahm sein Glas in die Hand, und gieng
ganz gelassen hinterdrein. Als aber die
Geschichte zu Ende war, schluckte er
zuerst seinen Punsch nieder, griff in

P 3

die Tasche, zählte sechs Livres ab, und
gab sie dem Einsiedler, mit dem Zu-
satze, daſs man sehr Unrecht habe, ihn
in seinem Vergnügen zu stören.

Nur mit sehr vieler Mühe wand sich
der Franzose aus seinem Zirkel los. Wie
er aber die Erzählung hörte, fieng er
laut an zu schluchzen. Man foderte ihn
itzt auf, nun auch etwas zu thun; dieſs
gab ihm den verlohrenen Athem wieder und er stimmte eine laute Klage an,
daſs seine Verbindungen auf diesen Abend
ihm nicht nur selbst hinzugehen nicht
erlauben würden, sondern daſs er auch
nicht einmal eine kleine Summe bey-
tragen könne, weil er heute unglücklicherweise jedes Sols bedürfe. Indeſs
glaubte er aufgefunden zu haben, daſs
ein Frauenzimmer unter der Maske versteckt sey, er trat daher näher, wollte ihr einige Liebkosungen machen,
griff nach dem Busen und da man sich

mit sehr vielem Feuer wehrte, erwischte er endlich eine Hand, küfste sie und
schwur, er habe in diesem Leben keine
weifsere und weichere gesehen. Machte hierauf eine tiefe Verbeugung und
hüpfte zum Zimmer hinaus.

Der Spanier hatte sich zuerst eingebildet, man wolle ihn zu einem geheimen Rendezvous einladen; dies war
der einzige Grund, warum er seine Dame verliefs. Da er aber gar nichts von
der Art, sondern hingegen eine klägli-
che Geschichte vorfand, so fluchte er
und schwur, dafs er jedem Hals und
Beine brechen wollte, der sich jemals
wieder unterstände, ihm mit solchen
verlegenen Geschichten zu kommen. Endlich hohlte er doch mit aller möglichen
Grandezza einen Sol hervor, und drückte ihn dem Einsiedler in die Hand.

Der Italiener endlich wollte gar
nicht allein mit der Maske ins Zimmer

gehen, und fand sich sehr beleidigt, daſs man ihn störe. Der Eremit ließ sich aber nicht abschrecken, sondern gieng ihm so lange zur Seite, bis er ihm den gröſsten Theil der Geschichte ins Ohr mitgetheilt hatte. Zuerst wollte er auffahren, besann sich dann wieder und erkundigte sich, ob die kranke Frau hübsch sey. Als man ihn aber vom Gegentheil versicherte, schrie er laut, man solle sich auf der Stelle mit solchen Betteleyen entfernen, wenn man sich nicht der gröſsten Gefahr aussetzen wolle.

Unter diesen Begebenheiten vergieng der gröſste Theil des Abends. Alle Liebhaber Annettens beunruhigten sich, warum sie nicht sichtbar werde. Endlich gegen die Nacht erschien sie, und ohne Maske. Welcher Reiz, welcher Anstand, welcher Schmuck! Das Gewand, das Diadem einer Sultanin, welches sie trug, schien nur für sie gemacht. Sie war die Königin aller Herzen. Eine nie gesehene Munterkeit und Freude schwamm auf der schönsten Lippe und im verklärten Auge; ihr Herz sprach laut, nun sey es befriedigt; ihr Busen schwoll höher, als könne er eine eben gefundene Glückseeligkeit noch nicht fassen, alles versprach dem Seeligen, der sie gerührt hatte, einen Himmel. Man strömte auf sie zu, sie allein war noch im Saale. Nach und nach drängten sich auch ihre Liebhaber zu ihr heran, und sie nahm Gelegenheit einem jeden von jenen fünfen eine Einladung zum Abendessen zuzuflüstern.

Die Stunde des Soupers erschien. Ein jeder war gebeten in seiner Maske zu kommen. Man sprach von der Schicklichkeit der Verkleidungen, jeder rühmte die Vorzüge der seinigen und tadelte die der andern. Besonders fiel alles

über den Eremiten her. Annette nahm
hingegen seine Parthey, und erklärte
sie für die paſslichste, vorzüglich zu
einer gewissen Stimmung des Geistes,
wie zu einer gewissen Leibeslänge;
setzte auch hinzu, wenn es nicht zu
spät wäre, noch eine Maskerade anzu-
stellen, so glaube sie der ganzen Gesellschaft beweisen zu können, daſs sie
selbst einer Dame nicht übel stände.
Alle vereinigten sich, sie zu einem Ver-
such zu bewegen. Der Britte lief hinaus, zog den Rock aus, und gab ihn der
Kammerfrau. Annette war heute in der
besten Laune und lieſs sich endlich bewegen. Die Thür geht wieder auf; es
kömmt jemand herein, es ist der Einsiedler, den jedermann heute auf dem
Balle gesehen hat; ein jeder schaudert
zusammen, und erstarrt in Beschä-
mung.

Während dafs man sich wieder zu
fassen sucht, wird ein Fremder ange-
meldet. Ach, der Graf L * * ruft Annette aus. „Es ist ein Grieche, meine
Herren," setzt sie etwas schneidend
hinzu.

Diefs giebt allen die Zunge wieder.
„Ein Grieche?" schreyt die ganze Gesellschaft. „O die elende, die betrüge-
„rische Nation!" setzen einige Stimmen
hinzu.

Indem eröfnet sich der Saal. In einem einfachen Kleide tritt die liebenswürdigste Gestalt herein, die man nur
sehen kann; ohne Prunk, ohne Ankün-
digung; nicht blendend schön, aber
mit dem Anstande eines Fürsten, mit
der Sanftheit eines Gottes. Er trägt
in seinen Manieren, in seinen Bewegungen den veredelten Ausdruck einer
jeden Nation. Sein Herz schwebt auf
seiner Stirne, die Haltung seines Kör-

pers kündigt sein Talent für die schönen Künste an, sein Auge spricht Festigkeit im Karakter, Grofsmuth, Versnnd.
Es ist das Auge eines Engels, nur gemildert. Er lächelt, und es ist das Lächeln eines Freundes. Alle Herzen fliegen
gen ihm unwillkührlich entgegen; es
giebt keinen Blick, der auf ihn nicht
mit einer geheimen Regung von Wohlwollen hinstarrt.

Er spricht itzt. Welche Harmonie
in der Stimme, welche Wendung in
den Worten, welcher Ausdruck in den
Zeichen. Annette erröthet, als ertap-
pe sie sich auf einer Empfindung, die
sie nicht laut werden lassen will. Sie
antwortet zuerst nicht, aber endlich
fafst sie sich, und nimmt mit Feinheit
seine Hand.

„Meine Herren,“ sagt sie, indem sie
sich an die erstaunten Liebhaber wen-

det, „sehen Sie hier meinen künfti-
„gen Gemahl. Ein einfacher Domino
„gieng mit mir und erwarb sich mein
„Herz. Ein Grieche beschämt die er-
„sten europäischen Nationen. Setzen
„Sie sich itzt neben mir, lieber Graf,‟
setzt sie hinzu, indem sie ihn umarmt,
„und theilen meine Freude.‟ —

IX.

Die Uhr.

Sir Edward Fielding hatte neben dem
Vortheile einer guten Geburt und einer
einnehmenden Bildung, den noch weit
seltneren einen Freund zu besitzen, welchen ihre gemeinschaftlichen Schicksaa-
le prüften und vollkommen bewährt
fanden. Patrick Dunstone war ein junger Edelmann von den strengsten Grund-
sätzen, einer festen Tugend, einer ge-
bildeten Liebenswürdigkeit, und hatte
mehr, als jemals ein tiefer Menschen-
kenner besaß, sehr viel Anlage zur

Glückseeligkeit und einem stillen Frieden der Seele. So lange er sich noch
auf der hohen Schule in Cambridge und
auf Reisen befand, füllte Edward sein
Herz völlig aus; nahe Vettern waren
sie von frühester Kindheit an mit
einander auferzogen, hatten zusammen ihre akademischen Jahre verlebt,
ihre Reise durch Europa gemacht, Wissenschaft gesammelt, Menschen kennen
gelernt und durch gegenseitige Mittheilung ihrer Bemerkungen und Grundsäz-
ze so lebhaft auf einander gewirkt, daſs
sie nur endlich e i n e n Geschmack be-
saſsen, denselben Lieblingshang, dieselbe Art zu sehen und das Gesehene zu
benutzen, und endlich selbst nur eine
einzige Manier im Ausdrucke. Das rührendste Einverständniſs schien ihr gan-
zes Leben beglücken zu wollen, denn
was hätte sie doch nach einer so langen
Prüfungszeit darin zu stören vermocht!

Als sie so nach England zurückge-
kommen waren, zog sich Sir Edward
auf eines seiner Güter zurück. Er war
der reichste von beyden, aber keiner
schien dieß zu wissen. Beyder Ausga-
ben waren gemein, und Patrick ließ
sich sehr bald gefallen, einen Aufent-
halt bey ihm auf eine Zeitlang anzu-
nehmen. Die ländlichen Lustbarkeiten,
die Bau - Garten - und Wirthschaftsge-
schäfte waren beyden gemein, ein jeder hatte überdem sein Kabinet, und
am Abend fanden sie sich auf einem Sopha beysammen; ein jeder hatte dann
den Tag über etwas neues gelernt, und
dies alles war nur für den andern.

Patrick liebte von beyden die Jagd
am meisten. Ganze Tage lang schwärm-
te er ohne Rast in den Gebüschen umher, und diese Leidenschaft, welche in
England am leichtesten Theilnehmer findet, führte ihn so schnell in die Häuser

ser der benachbarten Edelleute ein, daſs er bald auch sich ganze Nächte nicht sehen lieſs. Unterdessen wurde der arme Edward von der peinlichsten Langeweile gequält, denn alle seine Beschäftigungen hatten ihre Beziehung verlohren, und seine Seele verengerte sich, indem sie sich nicht mehr ergieſsen konnte.

Was noch viel schlimmer war, so verlohr Patrick täglich von seiner guten Laune. Er hieng den Kopf, sprach wenig, war mit allem unzufrieden: kurz er machte den Verliebten, und da Edward die Hälfte seiner Gefühle gleichsam mit empfand, so ward es ihm nicht schwer, auf die rechte Ursach zu rathen. Er drang so lange in ihn, bis er das Geheimniſs erwischte. Miſs Karoline B*, seine nächste Nachbarin, besaſs seit einiger Zeit sein Herz.

Q

Niemals hatte der Baronet Miſs Karolinen gesehen; man beraumte daher den andern Tag zum ersten Besuche an; welch ein trauriger Tag für den armen Freund. Edward sah nicht ungestraft seines Patricks Geliebte.

Karoline befand sich in dem Alter von sechszehn bis siebzehn Jahren, wo die jungfräuliche Schönheit aus der Knospe zur Blüthe aufgehet; sie besaſs ein Auge, voll von einer zwar noch unentwickelten Empfindung, aber voll einer Gluth die bald jeden zu entflammen versprach; einen Mund, von einer reizend erröthenden Begierde aufgeschwellt, Busen und Arme heiſs verlangend und zur Befriedigung gebildet. Es lag in diesem holden Geschöpfe ein gewisser Zauber von dem man sich unwillkührlich überwältigt fühlte; die hinreissendste Grazie der Kunst bringt

nicht die Anmuth hervor, welche alle
ihre Bewegungen beseelte.

Karoline sah auch itzt zum erstenmale den Freund ihres Liebhabers, und
gestand es sich insgeheim, er sey von
beyden der vollkommenste. Edwards
Körper hatte auch wirklich mehr Ausdruck, und sein Geist eine gefälligere
Wendung. Aber er sah die Liebe Patricks, und unterdrückte seine Empfindungen; er sprach selbst bey Karolinen
für seinen Freund, ihr Vater gab seine
Einwilligung, Karoline gehorsamte bescheiden seinem Willen und ward Patricks Gemahlin.

Es ist wahr, hätte sie nichts mehr
als überschwengliche Liebe verlangt,
um glücklich zu seyn, sie hätte es in
ihres Gemahles Armen nothwendig werden müssen. Die strengste Tugend

Q 2

ward durch die liebenswürdigste Sanftheit gemildert. Aber wer ist Herr seines Herzens? — Oft gestand sie sich
mit Erröthen den geheimen Grund ihrer Schwermuth; alle Gedanken waren
voll davon, sie fand ein Bild in ihren
Träumen schweben, ein liebliches Bild,
das sie weinend mit einer Hand von
sich stiefs, und dem sie die andere bot;
eine dumpfe Beklommenheit störte ihre Wünsche, und bald konnte sie aus
einer allgemeinen Ungewifsheit und
Verwirrung keinen Gedanken mehr lofs
machen.

Ueberdem bemerkte sie das nemliche
an Edward, wie er in einer heimlichen
Unruhe täglich mehr abzehrte. Denn niemand hat einen gefährlicheren Kampf
unternommen, den Kampf zwischen
Ehre und heisser Leidenschaft, zwischen
Freundschaft und Liebe.

Patrick vertrauete Karolinen und seinem Freunde zu sehr, um von allem
diesen etwas zu bemerken. Wenn ihn
seine Geschäfte abriefen, so empfahl er
sie ihm dringend, und fand die süfseste
Beruhigung in dem Gedanken, sie über
seine Abwesenheit durch Edwards Umgang getröstet zu wissen. Wie hätte
dieser ein Zutrauen zu täuschen vermocht, das ihm so viel Ehre machte.
Er foderte seine Kräfte auf, und ohne
fliehen zu können, glaubte er doch einen Sieg hoffen zu dürfen. Um seine
Gefühle desto besser zu verstecken,
nahm er zuletzt eine Kälte gegen Karolinen an, die nicht selten in Bitterkeit übergieng.

Ein neuer Kummer für diese! Sie
ahndete nichts von dem wahren Grunde
dieses Betragens. Wie konnte ihr schuld-
loses Herz etwas anders vermuthen, als
sie habe den Liebling ihrer Seele beleidigt. Im stillen Jammer sichtbar
verwelkend entsagte sie jeder Freude
des Lebens, ihre schönsten Grundsätze,
die Grundsätze der Tugend hatten sie
gänzlich verlassen, sie hegte nur einen
einzigen Wunsch, und schon lange hatte
sie aufgehört sich zu sagen, daß er strafbar sey. Die Einsamkeit schien ihr
noch die einzige Freundin auf Erden,
sie versenkte sich in die verstecktesten
Winkel der Natur und träumte sich eine glücklichere Welt: Und welche
Leiden erwarteten ihrer nicht im Umgange mit ihrem Gemahle, wo sie sich
in den Anstrengungen, ihren Schmerz
zu verstecken, sich weit mehr, als in
der Einsamkeit erschöpfte.

Endlich mufste es zu einer Erklärung kommen. Edward traf sie einst allein in Thränen zerfliefsend. Er setzt sich zu ihr, er nimmt ihre Hand, er befrägt sie um ihren Kummer, er schwört ihr, sie habe keinen wärmeren Freund als ihn, er bittet sie, was sie quält, seinem theilnehmenden Herzen dreist anzuvertrauen. Itzt konnte sie sich nicht mehr halten, überwältigt sinkt sie ihm in die Arme, sie ist die erste, die ihm ihre Liebe gesteht, sie flehet ihn um Erwiedrung an; — wie kann er sich enthalten, sie halbwahnsinnig an den Busen zu drücken, und ihr dasselbe Geständnifs auf die Lippen zu pressen. Die Stunden verschleichen unter ihren Liebkosungen, sie glaubt sein Weib zu sein; wenn er es will, so hat sie nichts mehr was sie ihm versagen würde. Aber noch immer ist Edward tugendhaft,

Endlich bittet sie ihn um einen Besuch in dieser Nacht, ihr Gemahl ist verreist, alle Umstände sind ihnen günstig; voll Verzweiflung reifst er sich aus ihren Armen und verspricht ihr, um zwölf Uhr in ihrem Zimmer zu seyn.

Ein entsetzlicher Zeitraum bis zu dieser Nacht! Er fliegt in sein Schlofs zurück, er wirft sich auf ein Sopha, alles zittert neben ihm, sein Geist schwindelt, kaum denkt er daran, zu befehlen, dafs man genau halb zwölf Uhr sein Pferd gesattelt bereit halte. Es ist dann noch eine halbe Stunde bis zu Patricks Gute und die Nacht wird ihn begünstigen. Er verlebt den traurigsten Abend. Alle seine Entschlüsse, alle Grundsätze der Tugend sind vom heftigsten Kampfe aufgezehrt, er hat

von allen nur noch einen einzigen Sinn
behalten, und dieser ist strafbar. Anstatt dafs die Stunden vor den Zusam-
menkünften der Verliebten sonst einen
Schneckenschritt gehen, so fliegen die
seinigen mit einer entsetzlichen Schnel-
le vorüber, und noch immer weifs er
nicht, was er thun soll und welche
Pflichten die heiligsten sind, die der
Freundschaft oder die der Liebe?

So verstreicht ihm der Abend und
die Nacht kommt heran, wie er bemerkt, dunkler als jemals. Er läfst die
Lichter anzünden und geht mit grofsen
Schritten im Vorzimmer umher. Indem er bey einem Tische vorbeystreicht,
sieht er seine Uhr liegen, er wirft einen Blick hin, es ist eilf Uhr: „noch
„eine Stunde,“ denkt er, „und du bist

Q 5

„glücklich, und — ach, vielleicht auch
„auf ewig verlohren."

Hierbey kann er sich nicht enthalten, die Uhr zu betrachten. Was fällt
ihm auf einmal so schwer auf die Brust!
Es ist seiner Mutter Uhr, es ist diejenige, die sie auf ihrem Todtbette zum
Andenken ihm überreichte. Alle Worte
die sie von der Flüchtigkeit des Lebens
hinzusetzte, treten ihm itzt mit flam-
menden Buchstaben wieder vor die Seele, er küfst sie, drückt sie enthusia-
stisch an die Brust und legt sie sanft
wieder hin.

Was noch mehr ist, so erinnert er
sich, dafs die Vorsicht ihm diese Uhr
gleichsam zu einer Begleiterin durchs
ganze Leben mitgegeben zu haben
scheint, mehrmals ist er beraubt,

zweymal hat er alles in einem Schiff-
bruche verlohren, immer hat er sie
noch gerettet. Er deckt sich bey allen
diesen Betrachtungen die Augen mit
der Hand zu, und schleicht aufser
sich in das benachbarte Zimmer.

Aber eine Viertelstunde verfliefst, die
Zeit rückt heran, die Leidenschaft
siegt über alles; er geht noch einmal
ins Vorzimmer zurück, um nach der
Uhr zu sehen — wie grofs ist sein
Entsetzen, als er den Zeiger nahe an
Zwölfe erblickt. Unmöglich ist es
länger als eine Viertelstunde, seitdem
er das Zimmer verlassen hat. Aber
sein Kammerdiener ist zufällig durch-
gegangen, und hat sich die Freyheit
genommen, sie nach der seinigen zu
stellen.

Bey diesem Anblick entsinkt ihm völlig der Muth; seine Leidenschaft ist rein verschwunden, er eröfnet die Augen, und erblickt einen Abgrund zu seinen Füfsen.

Er schreibt hierauf an Karolinen folgende Zeilen.

„Ich stand am Rande, Dich und „mich auf ewig unglücklich zu ma-„chen. Durch einen kleinen Zufall „ward ich es noch bey Zeiten ge-„wahr. Kehre zu deiner Pflicht von „einer verderblichen Leidenschaft zu-„rück. Ich kenne nur ein einziges „Mittel — ich reise."

Und in der That führte er seinen
Plan auf der Stelle aus. Anstatt sein
Pferd zu besteigen, liefs er seinen Wagen in Ordnung bringen, packte noch
dieselbe Nacht seine Sachen ein,
schrieb einen Entschuldigungsbrief an
seinen Freund, und der Morgen fand
ihn schon auf dem Wege nach Do-
ver. Er durcheilte Frankreich und
Italien, gieng hierauf nach Asien,
und als er nach fünf Jahren wieder
zurückkam, so fand er an Karolinen ein glückliches Weib, die Mutter
von zwey hofnungsvollen Kindern, eine zärtliche Freundin für ihn, aber
von ihrer Leidenschaft völlig geheilt.

Ende des ersten Theils.